商业数据与分析决策

解锁数据资产 提高商业创新能力

［英］西蒙·阿斯普伦-泰勒 著
（Simon Asplen-Taylor）

于楠 译

**Data and Analytics Strategy
for Business**

中国科学技术出版社
·北 京·

Data and Analytics Strategy for Business: Unlock Data Assets and Increase Innovation with a Results-Driven Data Strategy by Simon Asplen-Taylor, ISBN: 9781398606050.
©Simon Asplen-Taylor, 2022.
This translation of Data and Analytics Strategy for Business is published by arrangement with Kogan Page.
Simplified Chinese translation copyright ©2024 by China Science and Technology Press Co., Ltd.
All Rights Reserved.
北京市版权局著作权合同登记图字：01-2022-5569

图书在版编目（CIP）数据

商业数据与分析决策：解锁数据资产 提高商业创新能力 /（英）西蒙·阿斯普伦-泰勒(Simon Asplen-Taylor) 著；于楠译 . -- 北京：中国科学技术出版社，2025.2
书名原文：Data and Analytics Strategy for Business: Unlock data assets and increase innovation with a results-driven data strategy
ISBN 978-7-5236-0754-1

Ⅰ.①商… Ⅱ.①西…②于… Ⅲ.①商业信息—数据处理 Ⅳ.① F713.51

中国国家版本馆 CIP 数据核字 (2024) 第 097835 号

策划编辑	申永刚　王秀艳	执行策划	王秀艳
责任编辑	孙　楠	版式设计	蚂蚁设计
封面设计	仙境设计	责任印制	李晓霖
责任校对	张晓莉		

出　　版	中国科学技术出版社
发　　行	中国科学技术出版社有限公司
地　　址	北京市海淀区中关村南大街 16 号
邮　　编	100081
发行电话	010-62173865
传　　真	010-62173081
网　　址	http://www.cspbooks.com.cn

开　本	880mm×1230mm　1/32
字　数	284 千字
印　张	11.25
版　次	2025 年 2 月第 1 版
印　次	2025 年 2 月第 1 次印刷
印　刷	大厂回族自治县彩虹印刷有限公司
书　号	ISBN 978-7-5236-0754-1 / F·1259
定　价	72.00 元

（凡购买本社图书，如有缺页、倒页、脱页者，本社销售中心负责调换）

PREFACE | 前 言

为什么选择《商业数据与分析决策》？

不管你是首席执行官、首席财务官、首席信息官还是担任其他领导职务的人士，抑或是想详细了解数据策略，以便管理好组织中数据的商务人士，这本书都会让你对数据分析所面临的挑战有更深刻的认识。如果你是首席数据分析官、数据科学家、数据工程师、工商管理硕士（MBA）或商学院学生，希望了解数据分析在商业中的作用，那么你可以在这本书中学到很多东西。

这本书的作者是一个目睹了成功和失败的从业者。如果我是一个读者，我真的希望我一开始就能拥有这样一本书。这也是我写作此书的初衷。

这本书与其他数据类书籍有什么不同？

我几经思量，精心筛选，忍不住分享了很多高价值干货。我一定会尽力为你提供最好的建议。

本书有以下几个主要特色。

1. 本书有能带来重大价值的方法

这个方法看似简单，其实是我多年来积累下来的经验。我基本上天天都会用到。

2. 本书有契合生活实际的策略研究

本书建立在扎实的商业理论之上，并参考了相关研究成果。假如你是个生意人，读过这本书后，你就会明白如何在相关研究的基础上做出判断。假如你是个学生，你会有继续研究的冲动。

3. 本书有一些重点概念贯穿全书，便于读者记忆和使用

在本书中，我使用了一个五级成熟度模型，目的是为衡量进展提供一个实用的方法。

本书没有从技术角度构建数据观，而是用数据思维来引导商业实践。这是建立数据思维的方式。

笔者曾经犯过错误。为了避免重蹈覆辙，笔者很乐意和大家分享经验教训。笔者对数据与分析的方方面面都了如指掌——咨询、交付、胜任，以及向董事会汇报。

笔者希望你不只是会阅读这本书，还希望你会使用它里面提到的方法。

CONTENTS 目 录

001 第一部分
如何用数据分析推动业务增长？

第一章　这本书能给我们带来什么帮助？ —— 003

概述 – 003
首席数据官带领组织走向未来 – 008
任务：为企业提出 10 个问题 – 008
你担心吗？ – 023

第二章　数据项目论证 —— 025

概述 – 025
无所作为的代价 – 027
数据的价值只取决于项目论证的价值 – 030
识别最紧迫的数据问题 – 032
把事情简单化 – 035
项目分析与企业目标保持一致 – 037

第三章　数据和分析策略 —— 039

概述 – 039

什么是"数据分析策略"？- 042
首席数据官的职业定义 - 043
任务：使用数据周期表设计项目 - 051
数据转型的五个阶段 - 054
价值、构建和提升 - 057
任务：分享故事 - 058

第四章　团队游戏 ——————————— 062

概述 - 062
解密首席数据官 - 064
履历表问题 - 067
发现问题解决者 - 068
任务：招募 PQ 和 AQ - 070
当心现成的数据团队 - 074
多样性 - 075
数据和分析能力模型 - 078

087　第二部分
第一个阶段：渴望

第五章　速赢制胜 ——————————— 090

概述 - 090
速胜剖析 - 092
任务：确定正确的项目 - 095
从个人速胜到集体速胜 - 100

速赢不等于战略胜利 - 102

第六章　重复与学习　　　　　　　　　　　　　　　104

概述 - 104
为什么要进行重复学习？ - 105
听听数据怎么说 - 108
任务：定义数据流程 - 110
任务：制订业务变更流程 - 111
勇于探索，勇于创新 - 113

117　第三部分
第二个阶段：成熟

第七章　数据治理　　　　　　　　　　　　　　　　120

概述 - 120
什么是数据治理？ - 123
问责制的重要性 - 127
数据管家、数据所有者和数据执行者 - 130
任务：实施数据治理 - 136

第八章　数据质量　　　　　　　　　　　　　　　　140

概述 - 140
高质量数据的好处 - 143
衡量数据质量的四项原则 - 147
处理数据质量的策略 - 149

任务：设定基线和目标 - 151

任务：搭建数据质量团队 - 155

任务：短期提高数据质量 - 157

任务：长期提高数据质量 - 159

第九章　单一客户视图　　　162

概述 - 162

什么是单一客户视图？- 164

单一客户视图的好处 - 172

其他单一视图 - 174

如何构建单一客户视图？- 176

影子数据是单一客户视图的大敌 - 177

单一客户视图所有权 - 179

第十章　报告和仪表盘　　　181

概述 - 181

任务：报告审核 - 183

从静态到动态的决策支持 - 188

任务：设计仪表盘 - 190

任务：仪表盘实现 - 193

从报告到洞察 - 196

任务：信息架构 - 197

避免急功近利 - 199

第十一章　数据风险管理和道德规范　　　202

概述 - 202

五大支柱 - 203

任务：与监管机构合作 - 209

213 第四部分
第三个阶段：工业化

第十二章 自动化！自动化！自动化！ — 216

概述 - 216

什么情况下可以实现自动化？- 218

多大程度上实现自动化？- 221

任务：自动化项目论证 - 223

任务：可管理的自动化项目 - 227

我会使用工具吗？- 229

第十三章 纵向扩展与横向扩展 — 232

概述 - 232

从速胜到大胜 - 233

枯燥和重复 - 235

任务：选择如何以及何时进行扩展 - 236

利用你的资源倍增器 - 238

任务：组织骇客马拉松 - 242

规模化的红利 - 244

第十四章 优化 — 246

概述 - 246

最好的意图并不是最佳的 - 248
任务：规划一个优化路径 - 249
任务：克服阻力 - 251
自动化的局限性 - 253
一个转折点 - 254

257 第五部分
第四个阶段：实现

第十五章　客户之声 — 260

概述 - 260
听到他们的声音 - 262
使用其他数据来源的原因 - 263
了解竞争对手 - 265
客户的行为 - 267
社交倾听 - 268
任务：运用社交聆听获得深度洞察 - 269
任务：营造可靠的口碑 - 273
整合 - 276
倾听坏消息 - 277

第十六章　数据科学最大化 — 279

概述 - 279
是数据科学，不是数据魔法 - 280
数据科学家的重要性 - 281

任务：整合数据科学 - 284
任务：维持数据科学 - 286
拥抱失败 - 289

第十七章　与供应商和客户共享数据 —— 291

概述 - 291
广泛的接触 - 292
向商业合作伙伴和供应商公开数据 - 293
供应链中的区块链 - 295
共享改善市场 - 296
向客户公开数据 - 299
任务：准备共享 - 300
数据共享不可避免，按照让你感到舒服的方式去做 - 302

305　第六部分
第五个阶段：区分

第十八章　从数据驱动到人工智能驱动 —— 308

概述 - 308
人工智能是做什么的？- 311
数据价值的层次结构 - 313
任务：检测 - 317
任务：流程自动化 - 318
任务：改进聚类分析 - 321

数据偏差 - 323
任务：复杂的分析和预测 - 325
人工智能作为指导者或管理者的局限性 - 328
任务：致力于人工智能独立实时决策 - 329
从数据驱动的转型到人工智能驱动 - 331

第十九章　数据产品　　333

概述 - 333
什么是数据产品？ - 335
一流的数据和分析中心 - 337
任务：创建一个卓越的数据和分析中心 - 339
研究的三个功能 - 340
持续改进的生命周期 - 341

第二十章　正确的时间，正确的领导　　343

概述 - 343
引领可持续数据文化 - 344
你是哪种领导者？ - 345

后记　　347

PART 1

第一部分

如何用数据分析推动业务增长?

第一章
CHAPTER 1

这本书能给我们带来什么帮助？

企业所拥有的信息和在生产经营过程中所积累下来的信息对企业的发展至关重要。你也许会惊讶地发现，利用这些数据可以做很多事情，比如提高收入、降低成本、提高运营效率、降低风险、提升客户和员工的满意度。

关键概念
- 首席数据官
- 数字化转型
- 数据分析策略
- 单一客户视图
- 单一来源真相
- 影子数据资源
- 数据泄漏

概述

《经济学人》（*Economist*）上曾经有句话是"世界上最有价值的资源不再是石油，而是数据"。谷歌母公司（Alphabet）、亚马逊公司（Amazon）、苹果公司（Apple）、脸书公司（Facebook）[1]和微软公司（Microsoft）曾经是（现在也是）全球市值最高的五家上市公司。

"数据就是新的石油"这个说法大体上是正确的，但并不新鲜。这种说法要么经常在会议上频繁出现，要么成为成百上千场主题演讲开场白的关键词。人们只有掌握数据，才能把握未来。

在谈到数据价值前，我们先为使用数据的目的下个定义。假设客户与公司产生交易行为，那么每笔交易的合同、订单、发票，也许还有退款和信贷，都会产生数据。公司储存这些信息相当于创建了一个包含客户姓名、地址、邮寄偏好等的信息数据库。公司还有一个数据库，存储了雇员的报酬、工作时间、住址、办公室地址、技能和经验。你还会为公司购买商品或服务，比如制造原材料、文具、能源和水，还要花时间打电话、租办公室。所有这些都会在数据空间里留下印记。公司研发出新品并投放市场，你写了新闻稿，发布在社交媒体和网站上，这就产生了更多的数据。你的竞争对手也会这么做，而且你也会存储对方相应的数据。客户和记者对你的产品进行了评价，并在社交媒体上发表评论，这样也会产生更多的可用数据。

以上这些加上每天获取的数以百计的信息，都是我们所说的数据。如何对其进行有效的存储和管理，并利用人工智能（AI）技术对其进行有效的挖掘非常重要。

在本书中，我假定读者们都知道数据的价值，因此我就不打算再进行赘述了。如果硬要解释的话，就好像非要把铁

---

[1] 现改名为元宇宙。——编者注

路系统或者互联网发展讲清楚一样。每个行业的领导者都心知肚明，公司掌握着一种可能改变游戏规则的资产，但我们也许并不清楚怎样才能将这些数据转化为价值。

有研究表明，公司保存的数据中，有73%没有被用于分析，它们大部分处于休眠状态，要么被锁在某个不方便被访问的地方，要么不适合商业用途。

我们将在本书中详细讨论这个问题，并概述解决方案。仔细想想：我们有大约四分之三的数据被保存下来，却还从未被使用过。

> ▶ **首席数据官（CDO）**
>
> 首席数据官是指负责企业范围内数据治理和数据资产使用的人。该职位涉及数据收集、治理、处理、分析、商业智能、数据科学以及数据驱动的人工智能关键要素和其他技术。
>
> 首席数据官通常直接向首席执行官（CEO）汇报。

如果"数据就是石油"，首席数据官就一定会探明"数据"储量，估计其价值，对其进行提纯。不仅如此，如果坚持利用数据创造价值的策略，首席数据官就会为企业在这方面带来更大的竞争优势。石油终会耗尽，但数据永远不会。依我之见，数据创新，取之不尽，用之不竭。其实企业可用的数据量非常庞大，种类繁多，增长迅猛。据统计，2020年全球产生、捕获、复制和消耗的数据总量达到64泽字节（ZB），或者说64万亿吉字节（GB），即地球上每个人都拥有10兆字节

（MB）的信息量。预计到 2025 年，这一数字有望增加 2 倍。

本书将引导企业通过由首席数据官带领的数据团队来加强对数据资产的有效管理。不过，要记住：无论你觉得有多么困难，实际情况都比你预想的艰难得多。

没有几家企业能做好这一点。问题是，我们很容易被分散注意力，浪费时间，浪费金钱，不合理地分配稀缺资源，从而导致自己陷入困境。另外，本书所提供的 5 次转型浪潮结构还可以作为企业发展中使用数据的模板。

企业在数据治理方面并没有做得很好，这看起来并不是什么大事。但企业会失去现在的收益，甚至以后还会有亏损。你的团队可能会把时间都浪费在发现、纠正和管理不良数据上。他们看不清机会在哪里，结果错失了机遇。他们不了解事实或不相信这些数据，所以做出了错误的决定。因为受能力所限，他们不能预知接下来会发生什么，所以他们要么会制定错误的策略，要么随波逐流。他们还可能因为缺乏有效的数据管理能力而受到监管机构的谴责和处罚。

诚然，数据分析可以引起变革，但是，通向变革的大门很快就会关上。你深知自己可以将企业运营得更好。这是一个千载难逢的机会，能鼓舞人心又令人欲罢不能，但同时也会让人承受巨大的压力。

这本书之所以被命名为"商业数据与分析决策"，就是为了帮助每一位商界领袖应对最大挑战之一：在数字化时代，如何利用好新经营模式？新型冠状病毒肺炎[1]疫情加快了数据分

---

[1] 2022 年 12 月 26 日，国家卫生健康委将新型冠状病毒肺炎更名为新型冠状病毒感染。——编者注

析向数字化转型的步伐，我们迫切需要一种策略来解锁数据资产、促进商业创新。

我们已无路可退。这听起来既让人兴奋，也让人感到十分紧张。这本书既不是一本代码编写指南，也不是一份技术购物清单。这是一本企业项目启动和实施指南。就像所有头衔中带有"首席"的高管一样，首席数据官不可能身兼数职，也无法让所有人都满意。他需要在每一个环节上展示转型成果、改进企业文化，但这样往往会引发冲突。

> ▶ **数字化转型**
> 数字化转型是指将模拟信息转换为数字环境的过程，随之而来的转变包括改变以数据分析为基础的业务流程，以及对一些机会加以利用。

道阻且长，行则将至。我写这本书，是希望鼓励读者从我担任首席信息官期间所犯的错误中吸取教训，以避免重蹈覆辙，同时也想分享我的成功经验。

如果你不能优化企业的数据分析，那么，那些掌握了书中精华并继续学习了书中介绍的五级成熟度模型的公司将会成为你的对手。数据会为他们带来更大竞争优势。这些数据将有助于竞争者发现更适合他们的产品或服务。这样他们就能从你手中夺走最好的客户。数据分析能给客户带来更快乐的体验、降低成本、对抗新的竞争对手，让创新变得更好、更快、更省钱，提高员工的幸福感。

最聪明的竞争对手会利用数据分析来解决基本问题。他们还可能会打造出一种全新的商业模式。目前，全球最大规模公路运输巨头旗下连一辆车都没有；世界上最大的住宿提供商旗下也没有一家酒店。数据正在推动着经济的深刻变革。

首席数据官带领组织走向未来

解决数据问题的方法没有什么秘诀。正是这一群有经验的首席信息官乐于分享，本书才提出了极具启发性和支持性的思考与见解。如果没有我与他们的对话，也就不会有这本书。

通常，首次任职或即将履新的首席信息官向我征求建议时，我能给出最有价值的忠告——别匆忙行事。这一点也同样适用于开发数据分析策略的每一个人。退一步来说，就是：要冷静制订计划，考虑一下轻重缓急，并和别人交流你所做的事情的来龙去脉。在讨论可以做什么、怎么做以及能得到什么之前，首先你要直面所面临的问题。

下面这 10 个问题是我在为一个企业进行数字化转型过程中，向董事会、董事和高管们询问的 10 个问题。你可以用"是""不是""我不知道"来回答每一个问题。把你的答案记下来，稍后我会解释为什么要问这些问题。

任务：为企业提出 10 个问题

1. 你是否将营收的 1% 以上投资在数据方面（不包括 IT 基础设施的成本）？

2. 你能描述一个专门由数据驱动的产品或项目吗？它为企业发展带来了积极的可衡量的效果了吗？

3. 在会议中，与会者是否会使用"根据我的经验……"或

"我的感觉是……"这样的表达方式来做决定?

4. 你的同事是否会为了某个数据或者某个版本的报告而争论不休?

5. 你有没有考察过客户在与企业接触过程中的各项体验是否符合你的假设?

6. 回忆一下上一次企业出现危机时的情况。假如给你一个小时的时间收集数据,你是否能够找到并获取正确的数据?

7. 你知道你在整个企业中为数据支付的成本有多少吗?

8. 你的同事是否有任何可以告诉你但数据中没有体现的创收机会?

9. 从职能角度来说,数据采集是否独立于价值创造流程?

10. 你能向客户解释你用他们的数据做了什么吗?如果你这么做,他们会同意吗?

1. 你是否将营收的 1% 以上投资在数据方面(不包括 IT 基础设施的成本)?

投资的确切数额并不重要,关键是你要知道投资的是什么。我猜想,许多经理人都会说"我不知道"。数据成本大多都包含在 IT 成本中。追根溯源,倒也合情合理。信息技术蓬勃发展的早期,你可以想象一下,某处存放着一大堆数据,它们是你的公司所能搜集到的所有数据资料,你只需加以查询即可。制约因素主要是公司对能够处理这些数据的系统加以投资的能力。

但实际并非如此。由于有了云技术,我们都可以根据客户的需要来调整计算能力和储存服务。数字化可以驱动业务发展,让大家享受数据的无穷价值。加强数据分析策略势必会带动公司对信息化技术的投入，因此将数据和技术的成本脱钩就变得十分必要。

> ▶ **数据分析策略**
>
> 数据分析策略是指为了实现组织最高目标而制订的行动计划。它利用包括数据生成、存储、治理、质量、分析、商业智能和数据科学在内的各个方面为企业创造回报或竞争优势，并支持其更广泛的目标。

数据驱动型企业的一些投资额非常惊人，例如，谷歌公司每年在数据科学方面投资 39 亿美元，瑞士银行则投资 10 亿美元，亚马逊公司则投资 8.71 亿美元。

假设你不知道自己在数据分析上投入了多少钱，去哪里寻找答案呢？你会去问谁？

你会得到一个有价值的答案吗？在很多企业中，"数据仓库"的存在，以及各个商业系统之间的相互独立，导致了大量低效的数据分析。你可能会想：把所有这些活动的成本加起来，我们能否将资金投入得更有效率呢？

这就引出了下一个问题。

2. 你能描述一个专门由数据驱动的产品或项目吗？它为企业发展带来了积极的可衡量的效果了吗？

请注意，该产品或项目并非一般意义上的技术进步或提高，它是一种可衡量的数据指标。如果你回答"不"，那原因是什么？可能是因为你压根没有这样的项目，也可能是你根本就不知道。

我们在无意识中经常会假设,这些数据会给我们带来或者已经带来了价值。考虑一下在交叉销售的案例中,企业是如何提高客户满意度、增加客户转移成本的。哪怕是以数据为基础的,我们也不会认同。许多人总是将成功归功于个人的努力、产品开发,或者工艺的改善。其实这些都是一个完整的过程。你是否能够发现在企业数字化转型当中,数据分析是关键的催化剂,并对数据价值做出量化分析?你能不能领悟数据分析是企业数字化转型过程中的一个重要催化剂,并且对数据的价值进行定量分析?

(1)它可以用来判定你的数据是否被成功利用。你能把数据在企业数字化转型中的作用分开吗?你能否解释一下这样的投资收益?

(2)这是一种思考如何创新的方式。在很多时候,改变一种产品、过程或者服务是一个长期的过程。这就要求我们反思:在已有的决策中,我们是否可以利用更高质量的数据来改进决策过程?

(3)讲故事是一种共享数据的方法,有助于人们理解你的意图。因此,假如你的答案是"我不知道",那么它将会是你迈出的最宝贵的一步。故事不必太复杂,通常愈简单愈好。它可以刺激我们的想象力。

举个例子。1999年,英国一家大型银行收购了一家投资和养老金供应商。2010年,我们的数据团队帮助该银行设定数据战略目标,即利用数据来扩大其业务规模。该行拥有3000万客户,相比之下,投资和养老金供应商仅有3万名客户。为此,我们的团队利用银行客户数据,找出有潜力的客户，并为投资及养老金提供者确定并转化了 3 万名新客户，使其收益增加了一倍。我们策划的数据驱动的交叉销售已经让银行业务规模增加了一倍。

3. 在会议中，与会者是否会使用"根据我的经验……"或"我的感觉是……"这样的表达方式来做决定？

这并非个案。2016 年，弗雷斯特研究公司一份报告称，仅有 12% 的公司利用数据驱动企业关键业务发展或为企业设计数据策略。来看看两位心理学家眼中启发式决策的局限性，也就是通常所说的"直觉"。宏观认知有限责任公司的科学家加里·克莱因（Gary Klein）分析了人们在消防等高压工作中的决策方式。他这样描述："你需要把自己的直觉看作一个重要的数据点，但是，你必须谨慎地、小心地对其进行评估，看它在当时的情况下是否合理。"

凭借在决策方面的研究而获得诺贝尔经济学奖的丹尼尔·卡尼曼（Daniel Kahneman）更是不相信自己的直觉："过度自信是制造幻觉的一个强有力的源泉，这在很大程度上依赖于你所构建的故事的品质和连贯性，而非其本身是否有效。无论事实如何，只要能建立起一个简洁、连贯的故事，人们都会觉得很有信心。"

卡尼曼认为，直觉一定会发挥其有效性。我们每天都在不知不觉中练习。我们不可能有那么多时间去思考所做的每一个微小选择，所以我们就会用大脑填补这些空白。大部分情况下，我们都是凭本能做出正确选择，如果我们选错了（例如，在奈飞上挑选了一部烂片观看），那也没有关系。但对于大多数商业决策而言，情况可就不妙了。

卡尼曼赞同克莱因提出的观点，即在一种需要反馈与限定的情形下，人们可以将直觉作为一个合理的出发点，但需要用数据来检验它。如果将此视为一种假定，那么首席数据官就可以使用这些数据来验证这种假设。直觉是建立在以往经验的基础上的。高质量的数据能够证明，直觉是基于不再适用的假设（不同的市场、不同的客户、不同的宏观经济条件），还是为我们所有的假设增加了更多细节而做出的判断（比如，某项业务在某一地区开展得不佳，但这只代表一个办事处的业绩体现）。

记住，若没有相关数据，你就不要召开任何决策会议。不要轻易相信那些过于自信的人编造的故事，因为这很可能会导致你认识上的失误，进而导致你做出错误的决定。

启发式方法、本能反应或直觉，总是伴随着我们。无论你怎么称呼它们，它们都不应该被忽视。决策是不可能完全依靠直觉的，但由于缺少海量的数据资料，很多时候，决策者往往会被逼入绝境，选择依靠直觉。这又引出了另一个问题。

4. 你的同事是否会为了某个数据或者某个版本的报告而争论不休？

我曾针对一场争论做过裁决。我的首席执行官参加了一个会议，会上他的两位经理为各自执掌的业务部门出现的一些数字争论不休。我只能说，这两个人都不太相信自己的直觉。他们拿到了一份数据分析报告，都是关于同一个行业的，但得出的结论却是截然不同的。首席执行官希望我来判断谁说的是真话。

花了四个星期，我们终于得到了一个大家都不想听到的答案：他们都没有讲实话。我经过深入调查发现：这两个人都遗漏了一些重要的成本，做出了某些不正确的假设。双方都从自己的角度出发，对企业的真实状况进行了过分乐观的说明，提出了带有倾向性的观点。双方并没有打算欺骗谁，也对自己的所作所为毫无意识。两份报告都不能成为决策的有效依据，但通过研究，我们可以对企业业务流程进行"查漏补缺"，发掘出其真正的商业价值。

这通常是由于系统未被整合，或太多的人工参与而产生的结果。或许，编写这份报表的人并没有意识到他们所增加的数据的真实意义。每个人对数据的解释都不一样，用的信息技术也不一样。

但是，这不是这样做的理由。这种事情在公司内部开会的时候，就已经够恶劣的了。就拿美国第二大长途电信运营商世界通信公司来说，它的倒闭给美国的社会和经济带来了难以估计的破坏性后果。2002年6月，世界通信公司已经证明它在对外申报的利润上做了多大的手脚。它把向其他通信公司付费的电话线和网络线费列为资本开支，并把储存资金增加到经营收益中，虚报营业收入达13.8亿美元。

美国证券交易委员会报告称，这些不正当的会计分录是很好操作的，因为"总审计部门相信，接受数亿美元的分录是没有问题的"。世界通信公司很少会发出书面指示，高层主管们一般会口头或电邮发出指示。总体来说，世界通信公司制造了90多亿美元的虚假销售业绩。

加特纳集团估计，因错失商机或是在不知情的情况下白白浪费大量资金，每年会给企业造成150亿美元的损失。

假设你在一家公司当首席数据官，公司有精美的商务信息面板和精美的简报，你觉得公司所提供的数据资料是否能作为决策的基础？你会认为这些数据像曾在伦敦衬裙巷担任市场交易员的艾伦·苏格勋爵（Sir Alan Sugar）在创建阿姆斯特拉德之前所说的那样"华而不实"，乍一看唬人，但实际上却毫无任何技术含量吗？

如果一张不准确的图表看起来与一张准确的图表一样美观、准确，那我们就需要谨慎行事了。在不了解真相的情况下，我们不能以一份数据传达的信息擅自行事。

5. 你有没有考察过客户在与企业接触过程中的各项体验是否符合你的假设？

点彩公司是一家客户旅程编排工具开发商，每年都会对企业进行客户旅程管理调查。2020年，它对全球各个领域1050名客户进行了一项研究。结果显示，48%的人认为缺乏单一客户视图是他们面临的头号挑战。

> ▶ 单一客户视图
>
> 从多个数据源收集资料，并加以比对和整合，为每个客户单独提供一份准确及最新的记录。单一客户视图也被称为"360度客户视图"。

如果一个公司只有一个真实信息源，那么它就可以对所有的交易、联系和交流状况建立一个完整的视图，但是要实现这一点并非易事。这是因为，一个似乎是单一的、统一的、完全的客户视图可能会失去某些关键的数据，而这些信息有时候是不能从现有的数据中被发现的。因此，对业务部门进行系地研究有助于你了解客户体验是否仅仅是通过数据来表达的。企业虽然正在借助大数据优化客户体验，却不一定能实现预期战略目标。

▶ 单一真相来源

每个数据元素用一个内存结点存储，没有重复。所有数据更新都会传递到整个系统。

企业不但要建立一个单一客户视图，还要按照同样的方法创建其他重要的关键数据集，比如员工的单一视图、供应商的单一视图。但是产品决策过分依赖数据平台会形成路径依赖，导致自己懒于反思，从而忽视搭建更多单一视图。

在我们这样的工作环境里，老板几乎不可能真的关注每个员工的一举一动，聘用合同都是"不完善"的。它既不能激励员工努力工作，也不能留住他们的忠心。因此，仅仅根据合同内容来评价员工是否胜任工作是不够的。随着越来越多的员工选择在家办公或希望弹性办公，要建立一个有效的合同和激励机制，不仅依赖于员工能为雇主做些什么，还依赖于员工对自身状态、需求、动机和能力等方面的充分了解。

如果你对每个供应商都构建了一个单一视图，就能确定什么时候这个供应商能为企业提供多个渠道服务。若供应商不止一个，你还可以采用联合订货、批量折扣的方式。联合订货能大大降低生产成本。

企业数据分析策略的关键之一是不能让人感到意外。世界上没有十全十美的客户、员工或供应商，但你可以尝试着建立这样一个氛围：在任何情况下，你的同事无论遇到什么问题都不会简单地说"我不知道那是个问题"。

6. **回忆一下上一次企业出现危机时的情况。假如给你一个小时的时间收集数据，你是否能够找到并获取正确的数据？**

如今，大家都懂得了如何更好地解决企业的转型危机。但是，在新冠疫情初期，人们对匆忙做出的决定还记忆犹新：公司每一天都要以保证资金流动为中心，重新快速规划。企业在做出不同决策之前，必须在较短时间内，从数据分析中获得更精确的信息。每个人都想尽快拿到数据分析的结果，以求快速反应。有句话说得好："今天再晚也是早，明天再早也是晚。"

假定要对某一观点进行分析，同时要对公司目前的绩效数据进行同步，那么你要进行多少研究来寻找相关的数据呢？你需要让其他人帮你找到自己的位置吗？数据的提取和整合又要进行多少次人工处理才能被完成？

要找到这些数据本身就是一项很繁重的工作。之所以会发生这种情况，是因为单纯的信息收集、数据统计大多枯燥乏味。每个季度或月份，你和同事都会完成一些常规性或重复性的工作，这些工作要求相同类型、日期或产品代码不同的数据。在工作中，学习手工查找和清理那些数据往往是一项不成文的规定。虽然费时低效，但这项工作从来不在高优先级上，因此这一类的数据处理总是很低效。

月复一月，这种毫无效率的模式被后来数以百计的项目采用。一旦被问起，大家都会无奈地表示："一想到这个任务就很痛苦。"但一个季度只有一次，他们已经习惯了，还会把所有的步骤都抄在便条上。

假设你有一个数据收集需求，数据团队可以帮助你找出所需数据，但目前他们正忙着，你是否愿意等到第二天才出结果？

数据收集难会造成计划外成本过高。比如：你或许会听到一些关于一个问题的传闻，但到季度末，你试图去推进的时候，你的员工却用一种"能不能等一下？"来搪塞你。

写工作总结难免会让人感觉枯燥。你可以在手边的小纸片上，比如信封的背面，计算一下搜集数据所耗费的时间（要知道，你要花很多时间才能找到这些）。而且，这只是一个底线。前提是你的数据是正确的。没有人会浪费时间去做一份可能改变全世界的分析，也没有人会因为耗时太长而放弃一项具有潜在变革意义的分析。

数据收集上的难题拖了你的后腿，让你无法应对变化，使你随着时间的推移而作出更糟糕的决策。数据收集每天都在浪费大家的时间，也扼杀了好的点子。这本书旨在解决这一问题，并保证你的资料容易被存取和管理。

7. 你知道你在整个企业中为数据支付的成本有多少吗？

一个聪明机智的员工会认为，"我能将所有的信息整合起来"，从而为团队或部门带来一部分资源。这种认知不难理解。

大部分公司都存在这种影子数据来源，在部门支出、信用卡账单以及加班费等方面，它们都会被忽略掉。以我的经验来看，随着影子数据的激增，跨机构的影子数据将获取、持有和使用数据的成本提高了两到三倍。影子数据资源，自然是那些对它一无所知，或者根本就不会去更新它的人所创造的。大家都是出于好意，但是他们的努力却在不知不觉中导致了报告中数据质量的下降，给公司发展带来更多的隐性成本。

> ▶ **影子数据资源**
> 它是在未经数据职能部门明确批准的情况下收集、处理和分析的数据，通常由部门预算提供资助。

此外，将数据合并到各部门预算还会造成企业对数据成本的不知情。数据为组织带来价值的成本收益分析会出现偏差。

数据是一种了不起的资产。拿员工成本为例，工资越低，员工的工作质量就越差。你可以选择降低数据成本，例如，对数据采集进行自动化匹配，排除重复输入，可以改善数据质量，从而节省大量成本。但是，如果你一开始不知道该付多少钱，也不知道这些钱花在了哪里，那么整个过程就无从下手。

8. 你的同事是否有任何可以告诉你但数据中没有体现的创收机会？

从 2017 年到 2018 年，我在一家全球性商业房地产服务机构担任首席信息官。这一行业极其复杂又引人入胜，数据资源极其丰富。这家机构是世界上较大的商业房地产服务公司之一，其 2019 年年收入达 88 亿美元。

每个房产可能有几个独立的团队来处理租户、房东和维修人员之间的关系。销售团队则使用另一个应用程序。这种操作很正常，但我们经常会忽略一种简单而有力的数据采集方式。例如，当一个团队与商业租户会面时，他们就需要一款用来汇报会议内容的客户关系管理软件。员工将会议内容、参会人员等填写在统一的表单上。每个会议都会提供一个表格,以供小组取得有关的资料。

但由于这个表是用一组字段来表示的,所以这个系统不能捕获企业的全部重要信息。字段并不能提供给销售团队更多信息,诸如,反映企业赢利能力的重要指标——商业租户满意度,也不能从客户角度了解到会议范围之外的其他商业机会。

简单来讲,弥补方法如下:添加一个字段,问一下自己是否有其他方法可以帮助到这个客户,从而保证和客户的数据沟通与跟进。

在各行各业,我们都可以看见相似的案例。我们称之为数据泄漏。从本质上讲,每个人都能胜任自己的工作,但仍然会错过无数个提升业绩的途径。

▶ **数据泄露**

无法利用企业流程产生的潜在数据为组织创造优势是数据采集、业务流程的失败。它可能会造成持续的价值泄漏,需要事后加以填补,可能捕获的数据质量太差,无法使用。

▶ **如何衡量数据泄露?**

为了获取更多的数据,我们还需要提出更好的问题吗?流程性业务有时也会限制部门对于行业数据的获取。当危机来临时,很多人都意识到了问题,但是却无法和他们交流。

我们是否需要创新数据检索方法来提升被搜索

概率？数据往往就摆在那，但却没有被能据此采取行动的人共享。例如，一线工作人员本来可以通过分析来自各种社交媒体平台的数据来跟踪客户情绪，社交媒体上关于产品和服务的重要信息也可以帮助商家获取顾客对他们的产品的评价，但很多却被忽视了。

我们是否需要检索并跟踪这些数据？数据经常被收集和共享，组织却没有一个良好的数据分析机制。数据系统无人值守管理造成了大部分数据得不到有效利用。

谁也不想因为数据泄露而错失机遇，但每次"事后诸葛亮"都是对数据泄露的纵容。

9. 从职能角度来说，数据采集是否独立于价值创造流程？

在与一家金融服务公司负责人的交谈过程中，我得知他们公司建立资料库的工作已经进行了四年，但没人真的去用它。

捕捉到数据仅仅是完成了一半的工作。企业要建立一种以数据为中心的文化，即在搜集数据的同时，把数据纳入企业文化，而不是一味地使用数据来解决当前的问题。这两者是相辅相成的。如果你没有对很多公司进行过更深层次的研究，那么你可能不会意识到这一点。

当然，谁掌握了数据，谁就是胜利者。想要在战场上取得胜利，你就必须先弄清楚自己的实力。利用好数据优化方能获得更高的回报。

假如你拥有一个完美又昂贵的数据库，但企业不同部门却独立汇总、分析，并只将这些数据报告给他们的部门经理，那这样的数据库就没有发挥出其应有的作用。这是常有的事。

各个部门数据需求疲软，却没有人向他们解释，因为企业下游的数据价值取决于今时今日所做的工作。

数据建造团队那边，则是一脸的郁闷：他们搞出来的好东西，怎么就没人用？

实现数据民主化，就必须自下而上推动数据体系的建立。不同的部门和工作职能有着不同的需求，也有不同的对成功的定义。从数据储存的角度来看，这就像身体需要进食一样，机构"饿了"也会吃，但要让"饭菜"变得更加可口，厨师必须要有好厨艺。

自2018年5月25日，欧盟《通用数据保护条例》（General Data Protection Regulation，GDPR）生效之日起，企业在数据策略和商业策略上的脱节愈发明显。

10. 你能向客户解释你用他们的数据做了什么吗？如果你这么做，他们会同意吗？

《通用数据保护条例》规定，企业必须在其提供的产品或服务的基础上，对其进行全面的数据保护。

根据这一条例，消费者有权知道企业的数据储存内容以及数据使用方式。该条例要求任何组织必须解释数据的获取方式、获取的原因、持有和使用的方式和处理过程。

尽管《通用数据保护条例》涉及的范围很广，但是它并非包罗万象。试着打开思路你会看到：风险与机会和价值并存。这种价值既可以为企业增值，还能与客户共享。这也让我们更深入地思考：如何利用机器和人工智能？如果人们害怕受到"黑科技"的歧视，你又该怎样去解释呢？

为什么要制定这些政策？原因有很多。其主要目的是加强监管风险，防范信誉风险。你还可以把它当作工具，为自己和企业制定的数据策略做出合理解释，并学会在运行中防范道德风险。通过数据分析，你可以明了自身对公司的贡献，以及这样做是否符合企业的整体发展目标和社会目标。

你担心吗？

你会发现最没有把握的回答往往是"我不知道"。很多机构有数以百计的独立的数据生成过程。这些流程通常互相冲突或者重复，并且在几年内无人管理，耗费了大量的资源。有时候，与其说是数据在为人服务，倒不如说是人在为数据服务。

本书将以我与兰科集团（Rank Group）、特易购公司（TESCO）、伦敦劳埃德保险公司（Lloyd's of London）、保柏集团（BUPA）和莫索公司（Rackspace）的合作为基础，来证明这一点。在接下来的章节中，我将介绍实现这一目标的策略，并且对每个阶段做一个简短的概要。这项工作看起来很辛苦，实际上更辛苦，但这是我从事过的最愉快、最有创意的工作。

这 10 个问题也许会给你的同事带来灵感，也许会让他们感到不舒服，只要能让人不断进步、保持行动力，什么样的反应我们都可以接受。

总结

- 从数据中提取价值令人着迷，但也极具挑战性，因为它对企业的每个部分都有影响。
- 最重要的是，不要一次替所有人解决一切问题。首先要做的就是找到问题的关键所在。
- 眼下已没有藏身之处了。如果你输了，那你损失的将是金钱和客户。如果你赢了，那么你将带来一场变革。
- 你不必非得用极客才能诊断出数据的问题。问问同事，他们是怎么工作的、怎么做决策的、在哪里发现了改进流程的机会。
- 当你发现自己的企业对自身、产品、市场和客户知之甚少时，你往往会感到惊讶，甚至有点害怕。你要做的，就是要弄清楚这一点。这样一来，即使是坏消息，它也能为你的企业带来巨大的增长机会。

第二章
CHAPTER 2

数据项目论证

数据项目价值分析需要时间、团队之间相互信任,以及为了给企业带来数据变化而进行协作的意愿。你将与高管团队齐心协力、携手共进。因此,我们有必要对数据资产进行研究。

核心概念
- 数据清单
- 数据的有形价值
- 数据的无形价值

概述

我们最先想到的是,对于数据的价值,我们不应分别对其进行论证。简而言之,没有任何企业可以在没有数据支持的情况下运作。那些对客户、市场或产品和服务了解得越多的企业,就越能在竞争中胜出。

有一种说法认为,和投资其他业务比起来,投资数据才是最有价值的。图 2-1 代表了一种平衡关系。目前你可能没有在数据上投入大量资金,这也从另一个侧面说明,本应用于正常运营项目的资金（至少在短期内）被挪动了。从我的经历来看，虽然表面上看不出来，但是在数据分析上进行的任何一项投资，都会对其他方面产生影响。从短期来看，我们将关注那些能够凭借自身能力证明数据分析价值的创收项目；从中期来看，数据项目可以平衡数据基础设施所需的费用；从长远来看，转型之后，数据分析策略与任何其他投资案例之间都不会存在权衡关系，数据分析将成为你工作的一部分。后面我们会讲到如何对项目优先级进行排序，对事项做出取舍。首先，我们要解释一下通常的数据用法。

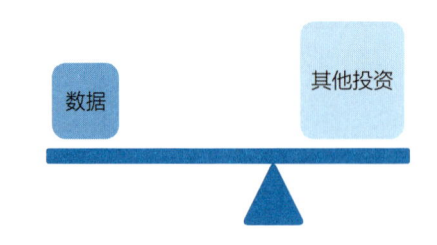

图 2-1　对数据分析的投资可以撬动其他投资

作为首席信息官，积极倡导数据价值的重要性是职责所在。我认为管理团队或流程中的每个人都有责任这样做。

如果你是首席数据官，那么你可能会更倾向于支持吹哨人制度，或者多元化倡议。但是，大家也要明白，无论在什么时候，都要遵循伦理准则。这些价值观早已融入企业文化与制度中。

对于数据也是如此。我们应该内化这样的想法，即在公司的每一个部门、每个层级，做出与数据无关的商业决策是糟糕的。和宣传项目本身相比，这更是在宣传一种思维方式、一种数据文化。

或许你的同事们会对这些数据的价值产生怀疑。炒作和混乱也在所难免。也许某个人会对过去一年一个野心勃勃的数据项目夸大其词，但是结果并没有达到自己的目标。许多人，其中也包括一些高管，自然会认为没有必要再次尝试，还会觉得那些数据传播者都是偏执的怪胎。这样做的危险是，在没有对获得的数据进行综合分析之前，就进行改变，最终只会导致失败。

无所作为的代价

我们可以从很多方面来论证这个观点，但是最直接的一个竞争性观点是你必须为（你的）企业制定数据和分析策略。让我们来看一下 2018 年，以下几家公司在数据科学领域的总投资额：

谷歌公司——39 亿美元；

亚马逊公司——8.71 亿美元；

苹果公司——7.86 亿美元；

英特尔公司（Intel）——7.76 亿美元；

微软公司——6.9 亿美元；

优步公司（Uber）——6.8 亿美元；

推特公司[1]（Twitter）——6.29 亿美元；

美国在线公司（AOL）——1.92 亿美元；

---

[1] 已更名为 X。——编者注

脸书公司[1]——6000万美元；

赛富时公司（Salesforce）[2]——3300万美元。

数据赋能这些公司实现价值创造，在数据时代茁壮成长。数据驱动增长，用于优化流程，比如向自己的客户群推送广告、鼓励我们把更多的资金投入到自己所关注的领域、突破设计的界限、推动商业数据的成长。

这些公司不仅仅在这一件事情上越做越好。如今，快速成长型企业正在快速进入市场，并逐步在其他领域占统治地位，开始完全依赖数据。亚马逊 Prime 会员制（Amazon Prime）和优食餐点配送公司的成功都证明了这一点。因此，你还停留在原地，什么都不做是不可取的。如果你不能利用数据的价值来发展业务，那么其他人就很有可能进入你的市场，发挥卓越的销售能力抢走你的客户、夺走你的利润。

案例分析 | CASE

亚马逊 Prime

挑战：我们如何成长？

2005 年，亚马逊公司的市值与其竞争对手易贝公司（eBay）相同，但是易贝在这场争夺中似乎成了最大的

---

[1] 已更名为 Meta。——编者注

[2] Salesforce 是创建于 1999 年 3 月的一家客户关系管理软件服务提供商，总部设于美国旧金山，是可提供随需应用的客户关系管理平台。——译者注

赢家。亚马逊公司一开始只是网络书籍、CD、音乐光碟等业务的小众零售商，最多在四五个工作日内发货。那时，亚马逊想要扩展到整个零售业，并在物流系统上投入更多的资金。通过跟踪用户的购买习惯，亚马逊积累了数据上的优势，并且认识到，通过对物流的掌控，自己可以达到和竞争者一较高下的目的。

分析：精简和提高效益

数字表明，亚马逊的忠实顾客中，有很大一部分是主动为每个订单支付额外的运输费用的。因此，亚马逊公司决定为 Prime 会员提供只需花费 79 美元即送货一年的新服务。这将为这一重要用户群体节省资金。一旦预先支付了运费，他们就会更有意愿去亚马逊平台上购物，从而刺激商家为亚马逊的物流系统买单。

行动：亚马逊 Prime 会员制于 2005 年推出

亚马逊 Prime 会员制作为一种资产，被用于开发新的市场。例如，数据显示，学生们在入学第一年就改变了购物习惯，获得了免费的 Prime 会员资格。亚马逊在与其他零售商竞争时，除了快速送货、音乐以及视频订阅等之外，还向 Prime 用户提供了无限的云存储影像。这又吸引了更多愿意花大价钱消费的零散客户。亚马逊购物平台后来又增加了特殊信用卡和在线食品零售服务。

结果

亚马逊也许比其他的零售商更擅长使用数据来提升

> 自己的市场占有率。Prime 会员制促进了亚马逊公司核心市场的横向扩张，并增加了消费者支出的份额。尽管这并非亚马逊公司商业发展的唯一推动力，但是亚马逊从其客户群获取的信息已经成为其在网上零售竞争者中抢占市场的主要原因。2020 年，易贝公司的市值为 350 亿美元，亚马逊公司的市值为 1.59 万亿美元。

数据的价值只取决于项目论证的价值

如果你不采取任何措施，那么你的商业收入将损失巨大，市场份额也会随之流失。往好了说，项目价值分析有利于挖掘企业潜力，拓宽衡量渠道。但它们都有一个共同点：数据的价值在静止时无法被合理衡量。因此，如何更好地发挥数据的作用，是当前亟待解决的问题。

测量问题并没有阻挡众多有识之士为数据分配任意值。连英国《金融时报》（*Financial Times*）也在 2013 年参与到了这场讨论中来，给了我们一个"利用这款交互式计算器探究数据的价值"的机会。

这表明，作为一项资产的数据，其价值是不变的。它意味着更多的数据可以为企业创造更多的价值。从这一点我们可以看出，为一个机构所产生或整理的资料，其本身就具有一定的价值。但这并不能说明问题。我们并非不可以捕捉尚未被利用的数据，而是在使用前，这些数据毫无价值（还可能会产生一些成本）。所以，如果你捕捉到了很多无用的数据，那么这些数据就会被视为一文不值。我们可以把数据看成是存货（会计通常也是这样想的）：它是一种原料，它被储存在一个特定的仓库里，等着在生产过程中被使用。存货太多是件坏事，而错误的库存类型更糟糕。更可怕的是，储存的原料都是劣质的。

数据治理的任务之一是正式记录该数据目录，我们将在下一节中讲解这部分内容。数据存储地点五花八门、不胜枚举：会计系统、客户记录、销售数据、电子邮件档案、研究资料、社交媒体等。要整理记录数据并不容易。

▶ **数据清单**

数据库是一个对被保存的数据资产进行全面说明的记录载体。清单应该记录有关数据资产的基本信息，包括名称、内容、更新频率、所有者和来源。

大多数原材料都具有市场价格，因此可以对其直接进行估值，但衡量该数据库存的价值并不那么简单，原因有二。

● **数据库为企业自身业务创造价值**

数据库指你的产品是通过你的生产运营过程产生的并且以你的客户为中心的一个数据载体。这就意味着，这些信息对别人来说可能是廉价的。《通用数据保护条例》这样的法规中也规定多数数据是无法自由交易的，因而也就没有市场价格可言。通常我们只能根据数据为组织实现的价值来对其进行评估。

- **使用数据之前，很难对数据的质量进行分级**

由于以下几个方面的原因，很多企业都过高地估计了自己的数据资产的价值：陈旧，不完整，被存储在不同的孤岛上，完全错误。你在使用你的数据资产时，它还没有显现出来。即使在实际应用中，你也不一定能察觉到。只有提高了数据质量，结果才会显著提高（这将是你的首要任务之一，几周内是无法完成的）。

所以，我们只有在数据能够给我们带来什么的时候，才会去思考它的价值。这表示我们没有准确计算、进一步识别数据的完整性、准确性和及时性，以及由其产生的所有后果。因为评估投资回报是一项费时且苛刻的工作，所以这个值经常被归为IT系统所用。通常情况下，它们并没有被用在数据上，而是被用在为获得和发展软硬件的费用辩护上。

投资回报率实际上是两个变量的函数：一个是IT系统创造价值的潜力；另一个是用作其输入的数据的质量。

那我们是不是该放弃了？正好相反。数据在静态的情况下，我们很难对其进行计量，一旦它被视为经济学家所说的"股票"变量，我们就能够很精确地刻画出其在"流程"中的价值，即用它来解决我们所面对的问题。

识别最紧迫的数据问题

也许那些以数据商业为卖点的人并不讨人喜欢，但是大部分管理者都会承认，他们确实遇到了一些急需解决的问题。2019年毕马威会计师事务所首席信息官的调查显示，高达35%

的数字领导者更有可能最大化其持有的数据价值。相比之下，在其他公司，这个比例仅为 9%。让我吃惊的是，数据可以使不同的商业部门产生巨大的收益。但是，问题在于，我们这些负责提取数据价值的人在向企业说明情况时反而会失败。

● **数据投资回报率**

如果处理得当，那么不管是财政上的或能力上的，你的项目论证会换来难以置信的回报。回报是一项增量的生意，它能准确地被计算出来。之前我在一家全球顶尖咨询公司工作时，曾为一家英国大型银行开展了项目价值分析。我使用数据和分析，得出其有一年 10 亿英镑的增值收益。据我所知，这在当时是欧洲最大规模的数据项目论证。前期投资仅为 6400 万英镑[1]。

● **数字化转型引擎**

2008 年，我负责英国金融管理局的一个数据转型项目。在这个项目中，我们收集到了大量令人信服的数据，从而促成英国国内的第一例针对内幕交易提起的刑事诉讼。别忘了，内部交易从 1985 年起就已经被定为刑事犯罪了。

在这些示例中，有两个要点：集中在一个关键的商业问题上；有明确的目的。以我的经验，许多所谓的项目都是建立在期望之上，而非建立在合理的商业逻辑上，有以下几个原因。

---

[1] 截至 2024 年 4 月 17 日，1 英镑约等于 9.016 元人民币。——编者注

- **如果我们去搭建了，那它会起作用吗？**

很多公司在搜集并储存资料时，都是在浪费金钱，期望将来会有好的事情发生，却从来没想过这件事是怎么回事。在一个机构里捕捉到的大多数数据可以作为负债来记录：获取、保护和维护都是要花钱的，但是却不一定能带来可观的收益。正如我们所知数据仓库计划大部分会以失败告终。研究机构高德纳咨询公司估计，此类项目有八成处于破产边缘。

- **你想创造一个流行语吗？**

数据传播者往往在描述他们想要做的事情时，会忽略这些数据的作用。我在会议上发言时，有时会被问到"如何进行项目论证"。举个例子，我记得一位首席数据官在向首席执行官解释商业案例时遇到了困难，他在商业计划里使用了"数据湖""一个数据仓库""数据沼泽"等词。我的第一反应是，这不是一个商业问题。不要使用那些他们不太熟悉的专业术语，要用首席执行官熟悉的语言跟他讨论生意上的事情。

- **你知道什么是商业价值吗？**

这与你所提供的产品的价值无关，重要的是，企业是否认同你的看法。作为数据转型领导者，如果不为业务创造价值，那你就会被视为成本，而不是收益。我们可以从数据中获得两种类型的价值：有形的和无形的。英国的大银行就是一个很好的榜样。英国金融服务管理局案例为我们带来了一种看不见的价值。

▶ **数据的有形价值**

这些价值来源于收益的增长与成本的减少。这两种方法结合在一起就能提高利润。

▶ **数据的无形价值**

这些价值来源于减少风险、提高生产效率、实现自动化、客户满意度和员工满意度。也许企业可以尝试做一些以前做不到的事情。

把事情简单化

当一个计划的论据太过雄心勃勃而难以被执行时，人们就会背负过多的承诺。我已经为大的零售银行提出了几个方案，但是并不奏效。

我们对一家美国银行已经运作成功的现成项目开展论证，心理预期是项目可以实现。从道理上讲，这样的机会是很容易的。这个集团有很多品牌、产品和服务，有些顾客对品牌的忠诚度很高。但是，到目前为止，他们还没有进行跨品牌交叉销售。

零售银行的核心产品坐拥 3000 万客户，但其他产品只有寥寥数万客户。随便找个信封背面算一下，如果银行能从每 150 个客户中转化一个客户，其他产品的业务就会翻倍。财务部答应了下来。每个人都如同发现了一颗未经雕琢的钻石，激动无比。当然我们还是犯了致命的错误：想象了产品的最终样子，而不了解在实际应用中还有哪些工作要做。

我们在这条路上遇到的困难要超过我们的预料。由于其子公司及子品牌数目繁多，企业体系结构错综复杂、相互交叉，形成了意大利面式的结构，因此，在进行方案论证前，我们必须对企业结构进行梳理。另外，那些对数据结构和过程有一定认识的人已经跳槽到其他公司去了。我们不了解数据的质量，也不知道可以访问哪些数据。有些时候，我们甚至都不清楚怎样去存取。

首席信息官不得不承认每件事都非常"复杂"，并表示我的项目将会失败。首席信息技术架构师告诉我，通宵处理工作是一件很"复杂"的事情，大家没法安排时间访问数据。

我顶着来自首席执行官和董事会巨大的压力，做了一个项目价值分析。这是他们希望重振银行增长的旗舰举措之一。越是这样艰难的时刻，我们越要咬紧牙关，坚定信心，跳出框框思维。

从亚马逊 Prime 会员制度中，我们可以看到，其成功的秘诀在于：简化。利用某一个公共假日，我们导出了项目需要的生产系统的关键数据。我们不能对数据进行重构，也不能建立新的应用程序。我们花了数天时间，只针对那些特定细分市场的顾客进行了交叉营销。12 个月之后，这个产品的顾客基础就增加了 80%。

这个案例说明：只有能真正发挥作用的项目论证，我们才能称之为有效的论证。

项目分析与企业目标保持一致

还记得这一章开始时我所说的,大部分公司都不能有效地将他们的数据分析值最大化吗?对这些数据的使用方式并不重要。难点在于,怎样确定哪些事情应当被优先处理、哪些事情可以被晚些处理、哪些事情应当被忽视。

接下来,我们将建立一套企业级数据与分析战略。在毕马威会计师事务所于2019年发布的一项首席信息官调查中,只有18%的企业宣称自己能"非常"或者"极其"有效地维持全公司的数据管理策略。这一调查是必要的。下一章中,我们将讨论该策略应该包含哪些内容。掌握了这些策略,我们才能更容易地维护并利用它实现数据价值的最大化。

总结

- 这种利用数据来做生意的理念,其本质上并不能算是一种对项目的价值分析。数据只有用于解决业务问题时才有价值。
- 对市场竞争的威胁进行分析,是进行项目价值分析的基础。如果不使用数据,那你就会失败。
- 数据可以被视为一项资产,并且被估价,但是这个估价不是建立在数据的总量上,而是基于使用它在构建的流程中进行的价值创造。
- 如果没有清晰的投资收益,就别去关注那些时髦的词汇和宏大的科技项目。
- 集中精力解决清楚的商业问题和清晰的价值定义。

- 数据和技术是两码事,要将相应分配的预算(和匹配的能力)分离开来。
- 以最简单的方式进行项目论证,并利用投资回报构建可实现规模化和自动化的支持性数据基础设施。

第三章
CHAPTER 3

数据和分析策略

企业必须在数据价值挖掘和数据资产创造上形成共识，要先制定企业战略目标，再按照企业战略目标来制定项目优先顺序，从而逐步达到企业的长短期工作目标。

> **核心概念**
> - 沉没成本谬误
> - 数据分析策略
> - 数据周期表
> - 数据转型的五个阶段
> - 价值、构建、提升

概述

我们会思考利用数据为企业创造价值的方法。一旦开始思考这些问题，你就很难再停下来。那就请从今天做起，别拖延到明日。

但是请注意：如果没有策略，那么即使在愿望和目标之间搭建起了行动的桥梁，也可能毫无用处。

20世纪建造的那座"无处可去的桥"距今已有一个世纪

的历史了。1929 年 10 月 15 日，美国联邦第四巡回上诉法院对"罗金汉县诉卢滕桥梁公司一案"做出判决。这个案件也是美国法学专业的学生必修的经典案例之一。1924 年 1 月 7 日，田纳西州罗金汉县政府将桥梁建造合同授予卢滕桥梁公司。修建桥梁遭到了当地居民的反对，县政府决定取消合同。

但是卢滕桥梁公司明知如此仍坚持把桥造完，然后起诉罗金汉县政府违约，不过县政府拒绝了卢滕桥梁公司的赔偿请求。

卢滕桥梁公司最终败诉。法官认为："对罗金汉一县而言，那座建在森林中间的桥没有任何价值。"他补充说，卢滕桥梁公司不应冲动，停止施工方为上策，不能因为有人前期投入了大量成本，就在注定没有结果的情况下依旧一厢情愿地投入。这就是沉没成本谬误。糟糕或不可行的想法没有被扼杀在摇篮中，会导致大量资金的浪费。

▶ 沉没成本谬论

我们不应去问"现在花出去的每一分钱，是否会带来等值的回报？"，而是要说"我们已经花了这么多钱，却还没有创造出任何价值，所以我们要继续努力，直到目标达成"。

由于对数据的投资往往缺乏关于"什么样的投资才算是最有价值的投资"这种明确的指导性意见，所以这种情况时有发生。即便是面对一个很差的项目，通常也没有一个项目决策机制对拟建项目进行评估，提出否定意见，继而中止项目。

全球 IT 研究与咨询公司高德纳咨询公司曾就这个问题做

过的一项调查显示，大约80%的数据仓库项目都失败了。通常情况下，IT部门或数据科学团队，以及那些在过去几年中一直帮助公司搭建数据仓库的人，看起来就像卢滕桥梁公司一样：尽管大家都对此丧失了信心，但他们还是能坚持下来，把自己的工作做好。

我还曾多次遇到这样的情况：有人在缺乏整体规划的情况下招募了一个数据科学负责人，结果项目进展到一半，发现无法按期完成。

经理："欢迎你，数据科学家！你的工作很出色，期待你帮助我们解决众多的数据问题。"

数据科学家："我该从哪里入手？"

经理："我还以为那是你的工作呢。"

（六个月过去了）

数据科学家："我创造了一种很巧妙的算法，可以将数据转化为洞察力。当无人驾驶车上市时，我也能用它来提升无人驾驶车的渗透率。"

经理："但我们是卖文具的。"

因此，企业需要战略来指明发展方向。企业要想成功，最可靠的方法是做好发展规划，否则无法实现数字化转型。你可能会手忙脚乱，俗务缠身，一边化解各种各样的危机，一边又在尽力替每个人善后——你不但觉得自己的工作永远做不完，而且回到家还抱怨家人不关心你。

所以你应先按需要确定优先顺序，然后才能选取合适的数据分析策略。

什么是"数据分析策略"?

制定策略、分享策略、提高对策略的认同,这对那些渴望获得成功的人们是必不可少的。策略明确会让你清楚哪些事情该做、哪些不该做,以及如何去做。建立数据分析策略至关重要。数据分析策略通常包含以下几个方面:数据生成、数据存储与治理、数据质量分析。数据分析策略会告诉我们该如何利用数据了解客户需求、如何使用这些数据为所有利益相关方实现价值最大化。

> ► **数据分析策略**
>
> 数据分析策略是指为了实现企业的长远目标,制定的发展方向、行动方针等。你要充分发挥好数据的价值优势,包括数据生成、数据存储与治理、数据质量分析、商业智能和数据科学,以实现高层次的目标,给企业带来收益,促使企业朝着更高的发展方向迈进,进而获得更大的竞争优势。

数据分析策略有许多实际用途:

- 给成功下个定义。可以向利益相关者证明你朝着目标做出了改善。
- 给失败下了定义。当项目失败时,你会很快地做出改进,或者减少投资。
- 让你走上正轨。你可能一开始就对一个项目有了一个清晰的想法,但是,用德国陆军元帅赫尔穆特·卡尔·贝恩哈特·冯·毛奇（Helmuth Karl Bernhard Graf von Moltke）[1]的话来说："任何作战计划在接敌之后都会变成废纸。"当危机来临时，我们通常会在采取策略之前采取行动。有时我们需要一份文件来提醒"我们不同意那样做"。

● 充分利用稀缺资源。如果你手头上只有一项基金，而同时有两个基金申请资助，那么你必须清楚你要资助的是哪一个。许多人，尤其是在你之上的人，对于如何从数据中提炼出有价值的东西，都有自己的见解。评估、试验或邀请别人大肆宣传好点子的确很有诱惑力。如果董事会需要一项新的数据表，你不妨扪心自问："这就是我们为之服务的价值？"收回战略，我们不会把时间和金钱都浪费在这上面。

● 倒逼数据转型，支持企业战略目标。除了要罗列出一系列的计划外，它还必须具有凝聚力，以支撑公司的总体策略目标。

● 明确角色与责任。每个人都希望看到数据转型发生，并从中分一杯羹。在面对挑战的时候，很少有人会选择负起责任。这一部分是为了更正规地界定首席信息官的角色与责任。

首席数据官的职业定义

首席数据官就是这样，东奔西跑，到处活动。因此，策略和首席数据官之间是相互依赖的。高德纳咨询公司于2019年时就曾指出：

---

[1] 赫尔穆特·卡尔·贝恩哈特·冯·毛奇（1800—1891），又被称为老毛奇，是一名军事家。——译者注

在很多企业中，首席数据官还是很多企业的新岗位，没有经过测试，也存在着一定的不确定性。这样的话，它的作用范围、优先权和责任就会很快扩大。好像只要雇佣了首席数据官，不论其预算、资源和团队规模的大小，每一个突然出现的数据问题，哪怕是再小的，在他们看来都是大事。

成功地进行数据项目证明的一个不足之处在于，在董事会看来，每一个问题都可能成为一个数据问题。到最后，那些重大的、需要优先处理的、真正会左右人们办公桌上仪表盘指针前进的事情，看起来总是停滞不前。如果你一周工作 100 个小时，而首席执行官却还在大声追问这一切什么时候才见到效果，那真是件令人泄气的事。

因此，在制定数据分析策略时，我们需要对首席数据官的角色进行界定。很明显，其中一些"火"必须被扑灭。其他的工作可以被搁置、委托、外包甚至被忽视。制定出一份经过协商一致的工作重点、目标和完成途径的列表，能够让参与其中的人更好地规避精力被耗尽的危险。

这一实践同样适用于数据小组。当变更变成了策略上的重点后，对变更进行正式的审批能够减少企业的内部冲突。但有一点很重要，那就是冲突依然无法避免。

我们可以使用数据周期表设置优先级（图 3-1）。

图 3-1 是我们根据 30 年来在许多企业中应用几千个数据项目所获得的经验，所设计出的一张数据周期表。每次我开启一个新项目时，都会将它作为参考。你同样可以做到。我在图 3-2 中列出了细节。

从数据中获取价值的几种途径

A-E 企业活动	A 增加收入	B 减少成本	C 降低风险	D 策略	E 合规性
	A01 A02 A03	B01 B02 B03	C01	D01	E01
	A04 A05 A06	B04 B05 B06	C02	D02	E02
	A07 A08 A09	B07 B08 B09	C03	D03	E03
	A10 A11 A12	B10 B11 B12	C04	D04	
	A13 A14 A15	B13 B14 B15	C05	D05	
	A15 A17 A18	B16 B17 B18	C06	D06	
	A19 A20 A21	B19 B20 B21	C07	D07	
	A22 A23 A24	B22 B23 B24		D08	
	A25 A26 A27	B25 B26 B27			
	A28 A29 A30	B28 B29 B30			
	A31 A32 A33	B31 B32			
	A34 A35 A36				

F 赋能活动	F01 F02 F03 F04 F05 F06 F07 F08 F09 F10 F11 F12 F13 F14 F15 F16 F17 F18 F19 F20 F21 F22 F23 F24 F25 F26 F27 F28 F29 F30 F31 F32 F33

数据工具包	仪表盘	报告	数据传输和APIso	数据科学、机器学习和人工智能	警报和通知

图 3-1 数据周期表

图 3-2 至图 3-7 的重点是列出你可能实现的所有目标和实现目标的方式。你是一位问题解决者。遇到利用数据分析可以解决的业务问题时，你会下意识地说："我们能行。"图 3-2 至图 3-7 分为增加收入、减少成本、降低风险、策略、合规性

A01 通过收购增加客户数量	A02 钱包份额增加	A03 提高潜在客户生成率	A04 提高潜在客户转换率
A05 改进创收流程	A06 提高客户留存率	A07 提升客户体验	A08 提高客户忠诚度
A09 改进客户终身体验	A10 增加忠诚度和客户满意度	A11 开发新产品	A12 提高产品适用性能
A13 提高客户产品定价	A14 增大交叉向上销售能力	A15 改进销售主张	A16 改进人口统计方式
A17 改进实时报价和干预	A18 改进媒体报道	A19 植入式广告优化	A20 保持品牌与客户代际的一致性
A21 改进客户服务	A22 提高服务的便捷性和可靠性	A23 加入可持续发展文化	A24 改进个人客户联系信息
A25 改进客户沟通方式和渠道	A26 改进下一个最佳活动	A27 增加客户反馈的便捷性	A28 改善投诉决议
A29 改进客户自主权	A30 改进客户知识	A31 提高员工技能	A32 提高员工满意度
A33 提高员工保留率	A34 提高员工激励与集团战略的一致性	A35 数据货币化	A36 营销表现管理

图 3-2 增长收入的途径

第一部分
如何用数据分析推动业务增长？

B01 降低服务成本	B02 提高重复性任务自动化程度	B03 降低固定运营成本	B04 改进主动干预措施，将成本降至最低
B05 减少信用、风险和欺诈损失	B06 增加回收和回收金额	B07 改进坏账风险检测和预测	B08 减少不良债务
B09 减少索赔泄漏	B10 改善成本流程	B11 降低数据和分析基础设施成本	B12 增加运营效率
B13 改进信用与风险洞察力	B14 改善信用和风险预警	B15 提高信贷和风险资本充足率	B16 改善信用风险通道优化
B17 提高信用评分	B18 改进标准化报告和测量	B19 供应商优化	B20 改善欺诈检测
B21 减少第一方欺诈	B22 减少第三方欺诈	B23 减少索赔欺诈	B24 减少申请欺诈
B25 减少信用卡欺诈	B26 增加客户自助服务	B27 改善客户激励降低成本	B28 减少高/中等成本的账户数量
B29 减少非盈利客户数量	B30 减少休眠客户	B31 分配优化	B32 改善库存管理

图 3-3 减少成本的途径

| C01 改善风险决策 | C02 改善跨群体关系 | C03 更好地识别公司/部门的风险敞口 | C04 降低数据隐私风险 |

| C05 降低保险风险 | C06 降低监管风险 | C07 强化数据伦理规范 |

图 3-4　降低风险的途径

| D01 改善风险决策 | D02 更深入的宏观经济洞察 | D03 改进机会识别 | D04 加强对新兴客户行为影响的理解 |

| D05 提高对宏观趋势的识别能力 | D06 更深入地了解行业趋势 | D07 改进对新兴趋势的洞察和预测 | D08 改进对新兴趋势的洞察和预测 |

图 3-5　策略

| E01 减少合规声明 | E02 更完善的合规见解 | E03 更完善的合规风险监测 |

图 3-6　合规性

第一部分
如何用数据分析推动业务增长？

F01 增加使用外部数据的频率	F02 增加使用内部数据的频率	F03 增加所有入职人员数据的使用次数	F04 鼓励客户提供更多数据
F05 更一致的数据捕获	F06 提高客户数据质量	F07 增加使用结构化数据的频率	F08 增加使用非结构化数据的频率
F09 改进数据方法和流程	F10 提高数据治理能力	F11 提高对客户洞察的理解	F12 增加可联系的客户数量
F13 单一客户视图	F14 改进历史对话客户数据的使用	F15 改进建模精度	F16 减少建模开发和生产时间
F17 改进数据科学模型的使用	F18 数据科学模型嵌入下游系统和操作流程	F19 改进分析工具	F20 实时流数据架构
F21 提高人工智能的能力	F22 使数据更易于访问	F23 提高机器学习使用率	F24 减少访问数据时间
F25 提高交易数据分析能力	F26 改进基于规则的决策事件检测	F27 提高实时决策能力	F28 提高数据团队技能
F29 更强大的分析社区能力	F30 更有知识的数据社区	F31 更有数据意识的执行	F32 改进数据规范
F33 改进教学模型数据集			

图 3-7　赋能活动

和赋能活动。

▶ 数据周期表

利用数据周期表是数据活动分配战略业务目标的一种方法。这个表格着重说明了那些可以通过利用数据创造商业价值的企业活动。企业可以把这些活动与数据赋能和数据工具包关联起来，以便于调整数据和组织策略。

一开始，所有的数据团队都面临着一个难题，那就是预算有限、规模小、天然权威少的问题。它的论证效力是有限的。如果在6个月内，首席数据官仅能拿出20个半成品项目，那么他的资源就会被迅速重新分配。

以A公司为例。这是一家"数字原生"的金融科技初创公司，其首款产品就引发了巨大的轰动。如今，它要做的就是把这些成果变成销量。但A公司的数据处理流程并没有随着公司规模的扩大而发展，而且其数据管理混乱不堪。

A公司正在与B公司竞争。B公司是市场领头羊。但是，B公司发现很多顾客都转向了A公司。由于某种原因，B公司的净值直线下降。

C公司是一家经营多年的企业，积累了成千上万的顾客，并在市场上树立了良好的口碑。但是，C公司的首个产品是为某一特定的市场而设计的，他们担心的是，这并不能给A公司带来破坏性的营销效果。D公司的产品不错，品牌也不错，顾客也不会流失，但是销量却不太好。它的数据也不合理。

再看一遍数据周期表，列出每家公司的重点。让我们假定，当你看到4张清单的时候，你会发现它们之间很少有重叠。

● A公司诞生于数字化时代，历史不长，仅有一款产品。A公司不会出现很多混乱和不完全的信息。

当务之急是要促进销量。其他的大部分活动可以以后再做。但是，其数据似乎有各种各样的法律风险问题。所以，A公司首先要做的事情就是引导客户转化，创造收益，同时提高其数据的合规性。

● B公司急需将客户的反馈和服务放在首位。

● C公司最重要的工作也许就是找到一条跨界销售之路。

● D公司可能存在欺诈、为客户服务成本过高或坏账过多等问题。它似乎没有有效的流程来使成本最小化。如果不能很好地解决这个问题，那么吸引人的计划就会被延迟。

你可以根据自己的商业策略自行开展类似的练习。同时，你也可以让你的同事和团队效仿。你们也许在某些方面存在着分歧，但是争论分歧的过程本身就会带来更多的价值。

任务：使用数据周期表设计项目

如果你的数据和分析策略不是仅仅从每一类商业活动中选择两到三种，那我们怎么能做出一致的计划？

用商业语言描述数据问题 / 解决方案

要提高企业对此项工作的认识，数据团队需要使用他们能理解，而不是会把他们吓跑的技术语言与之沟通。例如："客户数据质量目前为30%，如果我们将其提高到40%，那么我们就会有超过1000个用户可以接触。"

与商业活动有关

比如:"由于新冠疫情,我们的收益受到了很大的影响。如果能够识别出一些潜在的顾客,那么我们的收益将会得到保障。"

合理审视非战略选择

说起来容易做起来难。从定义上讲,所有的商业活动都对某些地方的某些业务有利。哪个机构不想让客户得到更好的服务、对客户有更深的理解,或者寻找新的交叉销售方式呢?

因此,你可以使用更大范围的企业策略来进行一致性测试。如果你把注意力集中在降低成本上,那么你的策略重心就很有可能不再是提高收益(虽然这种可能性很小,但还是有可能的)。如果有,那就不在你的职责范围之内,不管你用多大的努力去增加客户的支出。

如何实现理想成果?

这一点利用了数据周期表中的赋能活动。比方说,你希望通过数据来提高客户数量。你打算怎么办?雇员的行为不可能一蹴而就。他们希望方便快捷地完成现有任务,需要信息来识别新的潜在客户,或者只需要有关可能流失的客户的更高质量的数据。这些事情中,有些是你们公司比较擅长的,有些则需要其他人进行投资。

将每个结果与具体的、可实现的项目挂钩

在这种情况下,你需要弄清楚哪些客户与你线上和线下

都有互动，弄清楚其中的原因，然后建立一个模型来确定那些类似但是并没有在网上购物的顾客。

匹配你的数据工具包

让人吃惊的是，企业很少有办法使用数据来采取行动，并且并非每一种数据都具有相关性。工具包中含有仪表盘、报告、模型、数据馈送和警报。如果是这样的话，那你需要一种模型去找到要接近的客户，同时也要有一个仪表盘，来显示营销和销售团队在转化客户方面的成绩。（注意：企业可能对该数据工具包的元素投资不足或过度投资，特别是最常见的元素。例如，人人都想要一个仪表板，并为此投入巨资。不过，仪表板应该是当前最恰当的工具。有时候，某个数据项目到达某个临界值会自动提醒。这样做既便宜又简单，也更有可能修复这个问题。）

定义成功

通过这个方式，你能够将你的企业策略远景提炼为清晰的行动，并且能够从商业案例中获得可测量的成果。比如，不是所有的计划都会对盈利有影响。它会为实现直接收入而进行的革新创造条件。实际上，有些你能做的最有影响力的工程就是这个范畴。不过，制定一项具有实际意义的成功标准也是非常重要的。

你可以将此反馈给董事会和整个企业，并在以后的会议上做进一步的讨论。但是，你必须先想一想，在转换数据时，将会发生些什么。正如我刚才所说，有些项目在打好基础之前是不可能成功的。如果没有文化或流程的改变，有些目标就是无法实现的。数据和分析策略并非一张清单，而是一个路线图。

每个数据和分析策略都不同，但我们仍然可以考虑采用一般结构和序列来完成工作。这时你和你的数据团队会在学习中成长、克服困难、迎接挑战。

> ▶ **数据转型的五个阶段**
> 这是一种战略，可以引导企业进行数据转换。它假定的是我们可以从基础或不太复杂的项目开始，且不需要来自企业或客户的信任。当你获得了成功，你就能创造出更高的价值。这也就意味着你要投入更多的资金或者更多的信任。这五个阶段是资料的收集与分析的时间尺度。

雄心勃勃地开启项目之前，你还需要解决诸如数据质量和治理等挑战。要想在人工智能领域或者数据分析领域获得成功，你还必须先解决几个问题。因此，我将本书其余部分按这五个阶段分类，它们代表了一个典型的优先顺序。图 3-8 显示了数据转型的五个阶段。你会发现，随着复杂性的增加，你需要更加信任手中的数据和分析能力。这需要时间。

数据转型的五个阶段

要完成数据转型的五个阶段可能需要花费数月甚至数年。就像数据周期表展示的那样，执行一个精心策划的数据和分析策略不是一个打勾的练习，不需要你一项项地完成待办事项清单，最后累得筋疲力尽地瘫倒在首席执行官办公桌上。

在实施一项有效战略的过程中，你可以实现一套连贯的目标。每一次微小的成功和改进，都将推动整体策略的进步，并在此过程中释放出价值，同时也为下一阶段做好铺垫。

其中还包含数据团队中的同事可以理解和接受的话术。你既要为今天的成果做出贡献，又要为明天、下周、下季度的改善打下基础。所以，每个人都要弄清楚自己为什么要做这个任务、怎么用这些常用的数据。

同样的道理，适用于整个机构。一旦你的数据和分析策略提供了变革的理由，机构中的人员就会发现数据有助于他们更好地工作、取得更好的结果、避免挫折或压力。技术只是一种工具，是用来改善生活的，而不是用来影响生活的。他们可以畅享未来，摆脱重复性的工作，提高工作效率和生产率，甚至第一次从事一份自己喜欢的工作。请记住，这不仅仅是一本规则指南。大家的选择可能会因情况而异。

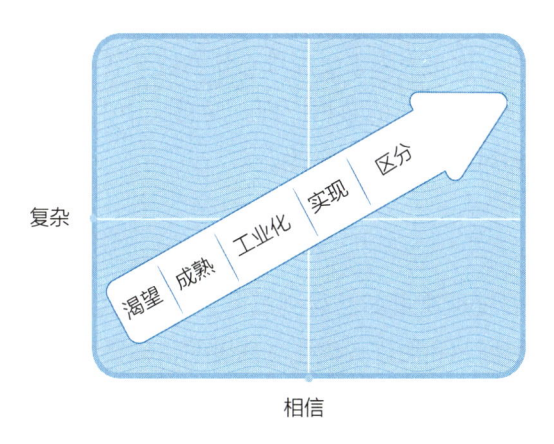

图 3-8　数据分析成熟度的五个阶段

图 3-8 所示为数据转换的五种不同模式，你会发现，随着复杂度的增加，你越是需要依赖手头的数据和分析技能。这自然也就意味着你需要投入更多的时间。

渴望

你可以将这本书看成是一份关于数据转换之前的 100 天的规划。这个过程可能需要 1 个月（不太可能）或者 6 个月。有些项目从来没有真正的结束过。在此期间，你们将面对许多挑战。你必须证明自己正在做出改变、创造价值。你必须在董事会以及整个企业层面树立信心，帮助他人认识到你正在为他们的利益而工作。你需要与业务利益相关者建立联系。你会学到一些你不知道的东西，这样你就可以改善你的战略，或者分配你的资源。

成熟

对战术进行调整后，你就会明白根深蒂固的问题在哪里。在这一阶段，你将为未来更加雄心勃勃地开展项目打下重要基础。你将建立最重要的数据原则：要有一个单一的、统一的、来自报告和风险管理的信息源。

工业化

已有的过程质量如已得到改善，接下来你要做的就是在组织中对数据的利用进行优化。这表明，你要尽量使自动化成为可能，排除诸如重复输入数据这样的低效率的问题。这就意味它可以为某个部门创造出更多的价值。

实现

从现在起，你可以继续给予反馈，从而使产品的品质得到不断的改善。你可以使用这些数据来修正你的决策，并找到新的机遇。

区分

最后一步，就是利用各种工具，以系统性的方式，让企业成为领导者和创新者，将自己的竞争者远远地甩在身后。数据带来的是企业和行为的变化。这是创新、新产品、新服务的中心。你可以创建一个更广阔的生态系统，与其他利益相关者共享数据。

价值、构建和提升

这也是为什么你不能将每一项看成是一个复选框的原因。每一个阶段都有三个重叠的分量。我将其命名为"VBI"，即价值（value）、构建（build）、提升（improve），如图 3-9 所示。当你开始掀起一波浪潮时，你的最大目的就是创造价值。到最后，你会建立一个更好的企业。

> ▶ **价值、构建、提升**
>
> 衡量每一个转型带来的积极影响的三个维度：创造价值、构建能力以及通过学习改善企业。

价值。我们决不能忘记在讨论数据项目论证时所确立的

图 3-9　每一阶段的三个分量：价值、构建、提升

原则。我们在一开始就明确表达过，每一个项目都要创造出可以测量的价值。

构建。任何事物都不会被孤立起来。每一个项目在每个阶段都有其特定的依据。你并非对每一步都这么有远见。每一项任务的成功都对其他项目有帮助，从而改善它们的质量或结果，让它们更容易被执行、更容易被使用。

提升。最终，你会不断地回顾、学习并在下一轮策略中进行改善。请注意分配你的时间，这样你就能从最终成果中学到东西，转化所学知识。把这一流程正式化是有益的，因为它倾向于"积极行动"的心理。

任务：分享故事

如果你的数据和分析策略讲得很好、激励了自己，那你可以和大家一起分享。这是一个激动人心的时刻。这是你树立形象的大好机会，可以让你的公司全体员工都知道你打算怎样改进他们的生活。这是一种无上的荣耀。这是莫大的荣幸。那么，你如何让每个人都知道你有一个策略呢？把下面这些事情做好，将会大大有助于你讲述一个好的故事。

邀请高级管理层背书

我更喜欢在首席执行官在场的情况下做这件事，如果能跟着他在公司会议上做演讲就更好了。"我希望你们见见西蒙，"首席执行官说，"你能告诉我们你打算用数据做什么吗？"

描述一下目的地

你正朝着一个目标前进，而不是一条通往虚无之桥。你很有眼光。别害羞，请一开始就说出来。

与每个人都相关

它还会给你带来巨大的压力，让你情不自禁地把你的数据和你的分析策略告诉他们。别干这种事。你应该把自己当成一个普通人，与他们分享同样的期望和忧虑。请记得，对某些员工而言，这或许是他们第一次严肃地思考这些数据的存在性，更别提这些数据还能改善他们的生活质量了。因此，你可以谈谈他们看到和感受到的真实状况，以及他们意识到的真实问题，以及你将如何改善。

利用激情

对数据充满热情？不，你要明白数据可以为受众带来什么，要知道你可以改变他们的工作所产生的能量。对数据的热情会让你得到良好回应。

让听众看到各种可能性

愤世嫉俗者和反对者大有人在。你的很多同事也许并没有意识到他们的工作方法有问题。有些人或许意识到了问题所在，但是他们之前也遇到了和你一样的人，这些人并没能扭转局势。你一边要接纳他们的冷嘲热讽，一边要告诉他们，在这个领域里，那些最优秀的，甚至是知名企业，都采用了你即将采用的方式，从而改变了他们的商业模式。

金钱可以有效激励人

如果你在一家上市公司工作，那你就会明白数据转移的成功是怎样影响股票价格的。如果你的受众有激励性薪酬，就向他们展示产能提升是如何提高奖金的。如果你和合作伙伴打交道，那就告诉他们，你将使他们更加富裕。

故事不要持续太久

这才刚刚起步。你的用户更多地看到的是日常工作中的你，所以最好让他们提出更多的需求，不要描述整个数据和分析策略，不要事无巨细地描述每个项目，要让他们看到你最好的 10 分钟。

你会回来的……

另外一个不够准确的理由是，你现在还没有达到目标。让你所仰慕的观众放心，两个月后，你会再来，并让他们看到你所创造的价值。这对我们所有人，即使对于那些希望你失败的人来说，都是件让人兴奋的事。

但这样做也会产生一个问题，那就是你要在这两个月里获得实实在在的成绩。问题不久将得到解决。在此之前，我们必须谈谈谁将在这条道路上与你同行。

总结

- 你不能把每件事都做完，要不断地区分优先级。在创建与企业策略一致的数据和分析策略之前，就要这样做。
- 利用数据周期表（或许可以合作使用），把可能的项目和方法与那些能给企业带来最大价值的领域进行匹配。别执着于某个酷炫的计划而误入歧途。
- 在这些重点上建立连贯的策略。其中一些是可以在未来发挥巨大价值的基础性工作。
- 许多人都会推荐给你一些他们感兴趣的东西。你会想要施以援手，但你要抵制诱惑。
- 把你的经历告诉全公司，让他们想一想这些数据对他们有什么好处。不要错过任何一个机会，要让他们知道你正在为公司的成长和提高他们的工作效率而付出的努力。

第四章
CHAPTER 4

团队游戏

要想在数字化变革中取得成功，一个关键的前提就是要有一种与众不同的态度。整支队伍都要富有创意，善于解决问题。当然，这也要求企业在引进人才过程中，要充分利用创新的力量。

> **关键概念**
> - 留存商数（retention quotient，RQ）
> - 体能商数（practical quotient，PQ）
> - 应变商数（adaptability quotient，AQ）
> - 认知多样性

概述

怎样组织一个团队来进行数据转换？哪一类的天才是一个团队所需要的？如何激发他们的积极性？

以我的经历来看，以能力开发为重点的正规招募程序，其成功率并不高。举个例子，我从没想过要干这个，是这个工作发现了我。

1991年6月，我还是一名年轻、热情的技术人员。我被

第一部分
如何用数据分析推动业务增长？

《星期日泰晤士报》(*Sunday Times*)上刊登的一个职位吸引住了。当时英国最大的一家独立股票经纪公司 Smith New Court[1] 正在寻找一位合适的人选来管理其交易系统。

我被录取了。第一天早上 8 点，我准时到达，然后就被领到未来经理的办公室。那里有一位和我年龄相仿的人——约翰。经过一番交谈，我们才知道，大家将在同一天、同一个部门开始从事同样的工作。起初，这看起来像是个巧合——虽然只有一份工作，但公司却需要两倍的人手来做。

因为汽车故障，两个小时后，我的新经理才来。她在新的工作中也遇到了一些问题。

"我把事情搞砸了。"她承认。

她刊登了一份招聘广告，聘用了两个人来做这件事。我们的新老板在面试时无法在我们俩之间做出决定，所以她想把我俩都叫来。她解释说，公司还有另一个空缺职位，但不是招聘广告中描述的那个。

"我建议你们去和这里的人谈谈，再决定自己选择哪个岗位。"她告诉我们这些后让我们自己决定。这是我们在 Smith New Court 的两小时职业生涯中要解决的第一个问题。

约翰和我面面相觑，心想："慢着，什么意思？"我们都在想我们中的一个人可能不得不接受第二份工作。

一脸沮丧的我只好去找交易主管和一些主力交易员聊天。之后又找到了研究英国股市的经理、欧洲股市经理，以及证券公司的经理。他们说，肯定有一份管理交易系统的技术类工作

---

[1] Smith New Court 是伦敦的一家股票经纪公司，在 1995 年被美林证券公司收购，交易价值达到 5.26 亿英镑。——译者注

等着做，他们需要完成这项工作。我很快意识到这个岗位更有价值，也更激动人心。我原本以为这份新工作是一个挑战，但他们描述的工作看起来更像一次全新的冒险。

他们告诉我，那些收集到的最新金融资讯所具有的潜在价值会超过在投资研究方面的竞争者。

Smith New Court 的一个交易系统就是一个能够进行交易的机器。做好这个系统的前提就是创建和管理这个体系。这个工作很关键。但是，这个项目让我有机会建造一台可以达成更好交易的机器。

我立刻意识到，这正是我所要寻找的工作，也是我所需要的。之后的 4 年中，我成为公司数据转型的一分子。通过充分利用这些数据，企业获得了平均 25% 的净资产收益率。

幸运始于抓住机遇。但这次也不全靠运气。我的"求职双胞胎"约翰，同样很高兴接受了那份更有条理的工作——毕竟这是他申请的。我选择了数据领域，因为我对构建新事物、解决尚未完全明确的问题充满了热情。结果，我为企业创造了远超我当初想象的价值。

解决企业不能充分界定或者说不清楚的问题是一项基本技能。对一种编程语言有一定的了解，并有使用某一特定软件的经历是很有用的。如果你的眼睛里只有那些东西，那么你和你的队伍将会很糟糕。

解密首席数据官

化学家、企业家或工程师的工作历史可能会追溯到一千多年前。中世纪的药剂师、商人或石匠行会是行业的鼻祖，他们创造了一套将相关的技能传授给后代学徒和工匠的体系。

首席数据官（CDO）这个职位的历史并不长。也许你从来没有听过商界第一位知名的首席数据官凯瑟琳·克莱·多斯（Cathryne Clay Doss）。直到2002年，她才被美国第一资本Capital One[1]任命为首席数据官。2005年，雅虎公司任命了第二位首席数据官。据高德纳咨询公司的报告，10年前，世界上只有15位首席数据官（不过还有成千上万的人从事这项工作，但他们并不具备现代首席数据官的头衔、权力或地位）。

然而，到2018年，三分之二的大公司任命了首席数据官。这显然是因为市场有需求，那么需求又是什么？

首席数据官能领导数据团队。根据我的经验，团队人员需要某些首席数据官所没有的解决问题的能力，而这些能力在其他企业中是很少见的。

首席数据官的发展历史这么短，能从谁那汲取灵感呢？其中一位候选人是艾伦·图灵（Alan Turing），不过他不太可能从美国第一资本金融公司或雅虎公司获得头衔。图灵是一位才华横溢的数学家、一位富有创造力的思想家，成功破译了德国当时最著名的密码系统恩尼格玛（ENIGMA），成为第二次世界大战的一个重要转折点。被称为"计算机之父"的天才图灵的许多思想，直到80年以后，仍然是人工智能的核心理念。

图灵最后自杀了。图灵在电影中的人物形象太过于传奇

---

[1] 美国第一资本投资国际集团（Capital One Financial Corp，简称"Capital One"）是一家以投资融资及基金管理为基础，集国际贸易、项目开发、投资银行业务于一体的多元化国际企业集团，总部位于美国特拉华州。——译者注

让他本人和自己的思想变得模糊不清,我们应该有选择地提取一些与图灵有关的概念元素。无论你是从安德鲁·霍奇斯(Andrew Hodges)所写的传记《艾伦·图灵传》(*Alan Turing: The Enigma*)中得到的启发,还是从这本书改编而成的电影《模仿游戏》(*The Imitation Game*)中汲取的灵感,你都可以从中提取出我在团队成员身上寻找的三个元素。

将抽象思想与现实生活联系起来

"二战"前,图灵在剑桥读书时,也曾上过维特根斯坦的一门数学哲学课,又花了很大力气为一台旨在计算黎曼函数的机器制造齿轮。你觉得这些抽象至极,但图灵一直相信自己的见解是解决现实世界问题的方法。

人们会带着他们通常无法用数据表达的问题来找到你。如果我们能做到,他们就会问:"你能不能帮上忙?"

如果规则不合理,图灵就不会遵守

在影片中,图灵在他的顶头上司不知情的情况下,向温斯顿·丘吉尔提出自己的想法和资源要求,令人印象深刻。但实际上,这是不可能的。他是为数不多的密码破译人员之一。他写信给丘吉尔,打破了军方的统治,这一举动成功地引起了人们对其想法的关注。

首席数据官要完成数据转型,大部分力气要花在打破阻止数据共享的传统结构和孤岛上。我那惨痛的经验告诉我们,数据人员注定要花很多时间听别人说三道四,这是我们的工作常态。

图灵从流程和自动化的角度思考

图灵并没有陷入等级制度，因为他确实了解系统。20世纪30年代，他提出了图灵机的想法——只要指令无误，人们就能对任意一个电脑运算法则进行建模。图灵机第一次描述了现代电脑。第二次世界大战期间，图灵曾在英国的情报局总部布莱奇利公园[1]（Bletchley Park）工作。他协助早期优秀的密码破译人员开发了手工流程和系统，研制出了布莱奇利在战争过程中发明的自动密码解码器。在这个过程中，我们从单一的问题转向了规模化和自动化。

数据团队成员是化学家，他们重新使用现有的知识要素，以新的方式呈现；是创业者，他们冲破了传统思维的桎梏，找到了更好的出路；是工程师，他们理解数据的结构并利用其产生新的见解和有价值的资源。他们的工作不仅仅是为了解决现在的问题，更是为了在未来数月或数年内创造价值。

履历表问题

人们对极客的普遍印象是：整天窝在小隔间里、戴着耳机、埋头于写程序的人。与其他工作类似，数据工作最好是戴着耳机自己去做公司需要一支能够解决问题的队伍，而这种能力不是个人能全部具备的。

---

[1] 布莱奇利公园是曾经是第二次世界大战期间的密码破译中心（别名X站）。在这里，一群天才数学家组成的特别行动小组破解了希特勒和他的高级统帅部使用的德国恩尼格玛系统和其他更复杂的密码。——译者注

招募技术人员时通常要写明"SQL 开发人员"或"会做 JavaScript"。技术人员在这些事情上做得非常好。但是，这种情况只会出现在一个事先确定的问题中。在每天的数据转换工作中，几乎没有什么是预先被定义好的。

如果你正在招聘，那么你可能会收到一堆简历，单从简历来看，很多人都符合外部招聘人员或人力资源部门的标准。

用来提升招聘过程中的效率的简历处理系统不能真正解决"招到合适的人"这一问题。2019 年，一项针对 1000 名求职者的调查发现，其中三分之二的人都采用了"优化策略"，因为招聘算法会提取特定的短语；五分之一的求职者会故意在简历中添加一些流行语来达到被筛选到的目的。你看到的简历都是网站为枯燥的招聘过程做了优化之后的结果。这表明，应聘者可以修改自己的简历，得到一次面试的机会。但这并不是一项能为我们带来真正价值的技能。

发现问题解决者

9 岁那年，我第一次体会到了解题的乐趣：我父亲当时在英国皇家空军服役，是负责征兵的一名军官。他常常出差去各地选拔评估新兵苗子，我经常跟着他。为了打发时间，我和申请者做了同样的飞行员选拔测试（airmen selection test，AST）。这种测试旨在评估候选人解决问题和横向思维的能力。我非常享受破解这些难题的乐趣。这些题目比我在学校里所做的那些题目要重要得多。我了解 IQ 的价值，我也知道 IQ 并非全部。我们上课时死记硬背，上学时所学的东西都是为了应付考试的，在现实生活中用处不大。

之后，我发现了团队运动的意义。有一段时间，我的划船水平达到了国际水平。除了生理上的挑战外，当我感受到自己作为人类机器的一部分做出贡献时，我整个人都会感到兴奋。在此期间，我们要尽自己最大的努力，设定并保持节奏，回应挑战，解释情况，了解船上其他人的表现，遵守纪律，协同工作。此外，秒表还会测量你每次上船时解决问题的效率。

之后，我成为一名帆船船长，体验到该如何真正地解决问题、如何创造价值。在海上遇到问题时，船长需要随机应变，使用船上一切可以利用的东西。亚马逊 Prime 会员制的服务已经令人印象深刻，但是我们不能指望它有什么新的功能。我发现许多人都是不现实的：他们可能智商很高，但是却缺乏某些东西，那就是处理现实问题的能力。

团队协作，及时应变，认清问题的本质，提供可测量的成果，这些都是我一直在寻找的。你在带领团队进行数据转化的时候，也许缺少一些技巧，但是这并不妨碍你取得成功。事实上，很少有人愿意去反思，去改变，去打破自己的习惯。不要像过去一样进行革新，你要适应它。

以往运行数据项目产生的错误会给人带来心理创伤。人们也许曾经试图解决数据问题，但是都以失败告终，这通常是因为他们对技术的高度评价。因此，一旦出现问题，人们首先想到的就是像 Power BI[1] 或 Microsoft Azure（微软云平台）之类的东西。于是，他们组建了团队，开始编写代码或者进行一些特定的配置。他们不确定要解决哪个问题，或者如何

---

[1] Power BI（power business intelligence）是软件服务、应用和连接器的集合。它们协同工作以将相关数据来源转换为连贯的视觉逼真的交互式见解。

解决它。

项目一旦失败，领导就很难信任新的首席数据官和数据团队能把工作做好。如果一个项目中途夭折，那事情就会更加糟糕。"解决方案"有可能会添加一个新的功能性障碍。如此持续数年之后，当下一个人接管时，这个问题将更加难以处理。

如果你正在招募员工，你就会发现许多被你选中的应聘者都有"代码优先"的思维模式。我不想看到这种人出现在我们的队伍里。你也不希望。我建议你聘用多技能人才，特别是要能够与公司内部的其他人员进行良好的沟通、具有综合决策能力的人才。

任务：招募 PQ 和 AQ

一些招聘人员会看重 IQ（智力商数）、RQ（留存商数）或其他一些智力衡量标准。我们当然希望有头脑的人来改变企业。我想要学会一种语言要花上好几个星期的时间，但这因人而异。打个比方：如果可以，那你宁愿雇用那些只需几个星期就能掌握一门编程语言的人。工作并不会等待我们准备好，所以学会用不同语言编码的能力只是一个很低的门槛。

▶ 留存商数（RQ）

RQ 是指能够方便地储存和调用信息的能力。总的来说，很多在测试中成绩优异的人都很善于记忆。尽管他们在履历上起到了很大的作用，但是在实际

> 应用中他们的能力却不如 PQ、EQ（情绪商数）和 AQ 有用。

在一些职位中，人们更多地把注意力放在情商上，以此代替了狭隘的情绪化以及对"智力"的过度关注。我们需要有同理心的人。这些人能让我们明白，在公司里，员工应怎样寻找协作的方法，是什么鼓舞了他们，使他们得到了满足。这也帮助我们了解到，科技并不是制约协作的因素，如果你想要解决一个问题，你就得先把数据拿出来，然后才能弄清楚用户为什么要这么做。如果你的团队可以和其他商业人士交流、了解他们的需求，并鼓励他们合作，那这将是一个巨大的优势。

IQ 和 RQ 是重要但不够充分的属性，所以我们还需要通过其他方式来找出哪些能力会对你的数据小组有所帮助。从以往的经验来看，在以技术为重点的面试中，年轻的极客常常要面对白板挑战 ❶ 的折磨。当他们在遇到问题时，必须编写代码来实时解决问题。你可以想象我当时的想法。

我更喜欢从 PQ 和 AQ 角度招聘。

▶ 体能商数（PQ）

> PQ 是一种能够从商业角度去考虑问题，尤其是当没有具体的解决办法时，能够借助他人（如工程师或企业家）的思维方式来解决问题的能力。高 PQ

---

❶ 白板挑战是常见的交互设计面试。它主要考核的是你如何和团队中的不同角色合作，并且在合作的过程中凸显你作为设计师的价值。——译者注

与概念化和解决数据问题、着手并交付解决方案或解决问题的能力有关。

▶ **应变商数（AQ）**

AQ 是指将思维从一个领域调整到另一个领域的能力。AQ 指的是一种适应新问题的能力。高 AQ 的人不会只懂得使用相同的技巧来解决所有的问题。

面试时，我会让你们解答问题，而不是在白板上写代码。例如：

善恶之争

有两扇门。一扇是问题的解决方案（善），另一扇是持续六个月之久如炼狱般的失败（恶）。每扇门前都有一个人，一个总是说谎，另一个总是说真话。你不知道谁会说谎、谁会说真话。你只能问一个问题："问题是什么？"

答案见本章末尾的参考资料。

关键在于，你怎样把问题分解开来。如果只是在脑海中一遍一遍地想问题，那几乎是不可能解决的。你要考虑如何从别人身上提炼出有用的信息。

我们还可以举个例子。

"描述汽车"挑战

"使用数据的人会如何描述汽车？"

一个糟糕的答案：

很多精通编程技巧的人会无可奈何地说："嗯，它只是把你从 A 点带到了 B 点的工具。"

这是对汽车功能的描述。当然，它解决了人们处于 A 点却想去 B 点的问题。但答案并不有趣。你可以再读一遍这个问题："处理数据的人会怎样……"

这个问题内容非常丰富，可以有很多很好的回答。下面是其中的一些。

答案 1：目的

"有不同类型的汽车。有些是四轮驱动。有些是跑车。"

答案 2：分类

"汽车有不同的品牌和型号。颜色、大小、功能各不相同。"

这个答案让我印象深刻，他知道数据可以在很多方面给真实世界下定义，也知道如何定义数据的使用（而且选错了车就不能把事情做好）。

答案 3：它怎么工作？

"这是一台内燃机。"有些人是数据工程师。他们兴奋地描述发动机如何转动车轮。这种答法也不错。

还有一个罕见但非常有趣的回应。

答案4：它有一个仪表盘

"这辆车最大的优点就是它的仪表盘。仪表板上会显示油耗，将表明燃油能否按时到达。它也能告诉你，车子出了什么问题，也能预知前方的道路状况。这辆车可以满足你的需求（从A点到B点）。汽车仪表盘可以为司机提供详细信息，以协助司机做出决策，并在司机需要做出决定时做出反应。"

这才应是你的团队为企业制定的解决方案。

如果你运气好，那你可能会遇到几个能解答你一些简单问题的人。他们会给你提供各种可能，甚至更多的思考方法。如果你听到这个消息，你的新员工就绝对会了解数据的特别之处。当你给那个团队成员布置一个他们以前从未解决过的新问题时，他们可以做的最有用的事情就是：描述问题的真正含义。

当心现成的数据团队

在你开始工作的那一天，你可能会碰到一位公司觉得你所需的有才能的人。由于你不太熟悉企业、企业的结构以及系统的应用，所以你可能需要这些方面的帮助。

每次我需要一个新角色时，人力资源部就会通知我说，IT

部会派人过来帮助我，因为他们具备我所需的技术。

问题来了：为什么这些人可用？

公司里最好的人经常会被榨干。他们没有空余时间。他们也许可以做一些更有帮助的事，但是上级却不允许他们去做。出现这种情况的原因有二。

- 给专业人士更多的自主性。专业人士的能力很强。当你只有一把锤子时，一切看起来都像钉子。你也许雇佣了一批薪水很高的数据科学家，但你若想要他们坚持下去助你实现目标，你就应允许他们采用自己的方式。
- 接纳具有不同观点的人们。人力资源部或外部机构希望为你提供一些支持和帮助："你希望用什么关键词来描述下一次招聘？"你要去描述技能，明确表示要寻找高PQ的人，不然他们所做的一切都是徒劳的。以下这个方法也很有效：我的一些有趣的团队成员就是在其他地方没有找到合适位置的人。我们要鼓励多元思维，敢于向传统观念发起挑战，欢迎有不同观点的人们。

多样性

科技行业因其缺乏多样性和"兄弟玩家"文化而受到了批评。造成这一现象的原因之一是，专业技能在人群中的分配并不均衡。根据我的经验，如果你能在招聘时关注认知多样性，那你无须明确提出要求，就能在雇佣过程中注意到不同的人的不同文化、性别和背景。

背景多样性

在美国，如果你在招聘时把重点放在特定的科技技巧上，从比例上来说就会有更多来自中产阶级家庭的年轻白人男性申请者。这就会使数据团队的思想集中于怎样设计产品以及怎样把产品呈现给客户。不同的文化、教育、种族背景，在设计和评价资料产品时，会大大增加挑战。

思想多样性

这是多样性的本质。赫曼全脑模型讲述了如何对其进行分类的一个示例。你可能拥有一个背景和经验非常丰富、解决问题能力很强的团队，但是即使团队对所有问题都给出了统一的回答，也并不表示它一定能得到正确的答案。这是一种警示，说明人们缺乏认知多样性。

认知多样性更关注人们在思考方式上的差异，并侧重于我们喜欢如何想象和解决问题。

> ▶ **认知多样性**
>
> 认知多样性不只在于基因和环境的不同，更重要的是人们思维模式的不同。赫尔曼全脑模型由分析技能、实践技能、交往技能和实验技能组成。一个团队可能拥有具有所有四种偏好的成员。有些人还可以根据环境改变他们的思维方式，使自己成为解决问题的天才。

这就是我的面试问题背后的想法。有些答案我真的不喜欢，但是有许多是我所喜爱的（特别是我根本没想到的）。对于任何一个团队来说，用不止一种方法来可视化他们遇到的日常挑战是很重要的。这是数据团队成功的基础。

> ▶ **如何衡量认知多样性?**
>
> 如果我们把范围缩小到赫曼全脑模型的四种思维模式，那些具备分析技能、实践技能、交往技能以及实验技能的人，在解决问题和做出决策方面就会表现得尤其出色。
>
> 分析型人才：他们懂得事物的运行规律，了解金钱，理智且善于算计。
>
> 实践型人才：他们是数据收集者，保守、仔细，又能言善辩。
>
> 交往型人才：他们比较健谈，善于凭借直觉做事，擅长人际交往。
>
> 实验型人才：尽管他们的直觉很强，但更喜欢综合、整体和立体的思维方式。
>
> 有许多测试（和其他模型）可以用来鉴别不同类人才。最终的考验是：一旦有了问题，你能有多个解决方案。

例如，如果你是一个团队里的数据管理人员，那么在执法部门工作过的人也许会掌握一些非常难得的技能。识别新数据源主要依靠分析技能：好奇心、研究和检测。你不仅需要了解商业结构，而且要理解员工的动机，要用"以人为本"的观点去思考问题。

举个例子，我曾经工作过的一家大型投资银行的成功项目依赖的就是共享经纪人的数据。从技术上讲，这并不难做到。但我们明白，我们所要面对的并不是技术上的问题，而是动机上的问题。如果我们获取并分享客户数据，那他们会从中受益吗？我们无法改变这些激励措施，但我们必须与经纪人本身和人力资源部门合作，创造性地调整激励措施，让他们更乐于分享。这要求团队有坚持不懈的精神和敏锐的洞察力。

所以，如果你想要组建一个不带种族或性别成见的队伍，那么就要注重新人的思维方式，以及他们解决问题的技巧。这样你才能找到比现有团队成员的技能更多样化的一群人。这样，你就会发现，一群愿意为你解决问题而敞开心扉的人。这会让你感到倍受鼓舞，也会让整个公司的人感到惊喜。

数据和分析能力模型

我们已经讨论过数据团队的思想多样性，现在我想谈谈团队的关键能力、应关注的重点以及他们该如何协同工作。团队不可能独立工作，这一点在这本书中一再被提到。团队应目标一致。图4-1中显示的是数据和分析能力模型。

根据我的经验，数据团队未能交付价值的最主要原因之一是他们并不是为成功而搭建的。其局限性包括缺少创造商业价值、未明确角色定位和宗旨的角色不一致。我从创建并固定数据以及对小组进行分析的过程中吸取了五个重要教训。如果在管理这些团队时我犯了错误，那我也会为此付出代价。我非常乐意在此与大家分享我的经历：

- 我推荐你从一开始就建立一个数据和分析团队。当数据团队和整个企业都变得非常成熟，或许到了"实现"这一阶段时，你就可以把特定的能力嵌入企业内部了。但是，我不建议过早实施。
- 必须保证你的整个架构中包含了所有的功能。要保证绝对不会出现实力上的差距。
- 明确责任，为重大事件承担责任。我之所以这么说，是因为，以我的经验来看，如果他们没有优先考虑的事情，那他们是不会把事情做完的。
- 需要有一个清晰的数据流程，使团队能够了解彼此之间如何协同工作。
- 有一个清楚的架构，这样就可以定义团队的成功标准、工作角色和描述以及它们之间相互依赖的关系。

我愿意用一些时间向大家说明为什么这些特性都很重要，以及我们的团队应该怎样共同工作。

数据产品管理

某团队拥有数据产品（我们将在第十九章中详细介绍），这说明他们管理业务和面向客户的活动的工作流程包括大部分数据科学、报告和仪表盘开发以及 API（应用程序接口）。

主要活动：
- 清晰地表述商业问题。
- 拟备具体需求并签署合约。
- 对所有的工作流程进行管理和划分。
- 管理每个产品的路线图，使其符合总体商业策略。
- 将数据路线图传达给客户、供应商、高管、业务赞助商、数据管理者和从业者，他们会接受。

与其他团队的主要互动：

● 数据科学：开发和管理数据科学活动的产品路线图——模型、人工智能、机器学习等。

● 数据工程：开发和管理报告和仪表盘、API 等的产品路线图。

● 数据运营：将他们的反馈纳入产品路线图。

● 数据架构：使他们的优先级与产品路线图保持一致。

数据科学

发展和提高模型、人工智能、机器学习的能力，为企业创造价值。

主要活动：

● 提升最佳实践数据科学能力。

● 理解和解释数据科学的"可能"的艺术。

● 开发数据模型、统计模型和算法。

● 保持更新模型和算法。

● 使用来自数据工程的最新数据库。

● 根据数据模型为企业提供咨询意见。

与其他团队的主要互动：

● 数据质量/治理：报告要修复的任何质量或治理问题。

● 数据操作：规划部署模型。

● 数据产品管理：根据其他团队的路线图进行开发，并为路线图提供输入路径。

● 数据工程：使用其他团队开发的数据源。

● 数据架构：向其他团队提供数据科学基础设施的需求，

并使用他们设计的数据模型。

数据工程

为机构获取数据并提供对数据的访问路径，确保数据能得到妥善和高质量的管理。

主要活动：

● 遵循产品路线图来捕获数据源，并将其与数据模型及数据基础结构进行整合。

● 确保数据质量和数据路线图在整个企业中得到应用。

● 根据高标准对所有数据进行质量管理，其中包括对数据进行明确、连贯的定义。

● 开发数据产品，如仓库、数据湖或 API。

● 构建 API 和数据馈送。

● 根据产品路线图开发仪表盘和报告。

● 在整个组织中开发和共享"一个真相来源"。

● 确保数据产品已通过质量、定义、可信数据源和及时性认证。

与其他团队的主要互动：

● 数据科学：确保其他团队能够访问所需的数据。

● 数据产品：确保开发路径符合产品路线图。

● 数据执行：确保报告质量和项目进展适宜。

● 数据运营：规划数据产品的部署。

● 数据社区：帮助其他团队进行数据产品的测试与采纳。

● 数据架构：满足其他团队数据工程基础设施的需求，并使用其他团队设计的数据模型。

数据安全和隐私

确保企业数据资源的安全。

主要活动：

● 编写和维护数据隐私和数据安全政策。

● 按照公司的隐私及资料保安规定，妥善分类及利用资料。

● 了解并实施《通用数据保护案例》（GDPR）和相关地理管辖区的其他数据法规。

● 在所有的数据产品和整体的数据架构中都要考虑到保密性与安全性。

● 在存储和处理客户数据方面代表客户观点。

与其他团队的主要互动：

● 整个组织：提供有关数据隐私和安全以及 GDPR 和其他数据监管的建议、培训和教育。

● 数据隐私官：与其他团队合作，确保所有数据活动的隐私性。数据隐私官是代表客户利益的独立角色。

数据操作

确保跨企业、客户和供应商部署、访问和适当支持数据产品。

主要活动：

● 按照协议中约定的服务级别协议（SLA），在协议规定的工作时段，允许目标受众使用数据产品。

● 在一个稳定和有效的环境中执行数据产品。

● 根据 SLA 支持数据产品。

与其他团队的主要互动：

- 数据科学与工程：与其他团队合作，确保产品在适合部署的时候得到妥善安排，别等到非要做不可的时候再做。
- 数据从业者：管理业务部门、供应商和客户的关系，并对所配置的数据产品进行反馈。
- 技术：确保技术提供的技术环境能满足 SLA 需求。
- 提供业务部门、供应商和客户对数据产品管理的反馈。
- 处理已部署产品的问题，直至解决。

数据架构

设计用于开发和运营数据产品的端到端数据环境，设计端到端数据流程并确保其可访问性和性能符合 SLA。

主要活动：

- 为了有效、及时地获取、储存、转移、管理和存取数据，一切数据活动都必须具备适当的环境。
- 所有数据工具都支持集成的端到端数据流程。
- 数据模型被设计并用作整个组织以及潜在供应商和客户的数据的单一视图。这很好理解，而且与底层数据来源无关。
- 工具和数据流程支持整个组织中数据的数量、种类和速度。
- 跨平台和应用程序的数据使用 API 和数据馈送集成，使用一个事实来源。

与其他团队的主要互动：

- 数据科学与数据工程：确保数据环境满足其发展需求。
- 技术：确保技术环境/云技术适合用途。

图 4-1 数据和分析能力模型

- 首席信息安全官：确保所有数据存储和传输的安全。

数据监测

确保对数据功能和操作进行独立监测。

主要活动：

- 数据团队的工作具有独立性，具体包含了对商业目标、质量、治理、隐私和安全的一致性审查。

- 为数据团队提供支援,排除障碍。

与其他团队的主要互动:

- 董事会和高管领导层:就安全、隐私、质量、治理等方面对数据的风险进行反馈,以表明"物有所值"。
- 所有数据团队:反馈数据策略交付进度。

数据社区

确保数据是他们所做一切的核心,并确保数据团队所做的工作得到相关且具体的反馈。

主要活动:

- 对产品、产品路线图和项目的具体和相关输入。
- 测试数据团队的输出。

与其他团队的主要互动:

- 数据工程:提出质量和治理问题。
- 数据产品管理:提出要求。
- 数据架构:提高性能,提出可访问性、集成和时序要求。

接下来,我们将从亟待解决的问题开始讨论。

总结

- 数据团队成功的限制因素是角色缺乏一致性。
- 在数据团队中工作,尤其是带领一个数据团队,不依赖于技术的技能。教授编码比教授解决问题容易得多。
- 这是关于解决问题的能力,以及以非常规方式思考的能力。
- 招人时,广撒网。确保招聘人员不会限制你的选择。

- 要鼓励思想的多元化，要敢于质疑传统的观点，要随时准备接纳持不同意见的人。
- 要知道，这项工作并不只是要和懂数据的人打交道，而是要和整个企业打交道，这样才能获得成功。
- 一个数据团队未能成功，最重要的原因在于：团队角色之间缺少共同创造商业价值的一致性，缺少角色的明确性和目的性，不能确保不同角色之间不会出现任何内容遗漏。
- 在一个数据团队中工作，尤其是带领一个团队，技能在其次。编程比起解题技能来，要简单得多。
- 要具备解决问题的技能，并且要有一种独特的思考方法。
- 在招聘的时候，要广撒网。一定要确定雇主不会对你的选择有任何限制。
- 要鼓励思想的多样化，要敢于向传统观念发起挑战，要愿意接受有不同想法的人。记住，这项工作需要你和全公司的人打交道，而不仅仅是和能理解你数据的人打交道。这对你获得成功是非常重要的。

PART 2

第二部分

第一个阶段：渴望

| 渴望 | 成熟 | 工业化 | 实现 | 区分 |

在第三章中，我们谈到了数据转型的五个阶段。现在我们已经谈到了项目论证、数据和分析策略以及团队合作。我们知道自己要实现的目标，现在一切都在我们面前。真正的工作开始了。

我们必须再接再厉，迅速取胜。第一个项目既是一次试验，又是一次机遇。

这些都是一种考验，因为它们可以证实，你的企业可以从现有的数据中找到潜在的价值。它们就像测试一样，可以证实一个机构所掌握的数据具有尚未开发的潜在价值。

只有这样，你才能建立起可信度，为企业的彻底转型作好准备。做好这一点，我们就会变得更加成熟。

我们的 VBI 模型在第一个阶段中的要素如下。

价值。一系列快速胜利可为企业带来可衡量的回报。一系列快速胜利可向员工和董事会表明改革进展是真实的，并能为下一步节省更多的预算空间。

构建。创建标准化、可重复的流程是未来的典范。

提升。初期的成果会提供大量的数据、数据的优点和缺点，以及妨碍进度的组织因素。

第五章
CHAPTER 5

速赢制胜

数据转换要在三个月内产生结果。这意味着一些早期活动必须侧重速赢以致胜,这样才能为公司带来价值。因此,挑选方案是非常重要的。

> **关键概念**
> - 速赢制胜
> - 速胜悖论

概述

2009 年,某公司执行委员会对 5400 名新任领导者进行了调查。该调查向这些领导人提出了他们各自关心的问题。调查还很巧妙地邀请这些领导者的上司对他们迄今为止的表现进行评分。

回应分为两组:老板认为他们是成功的人;老板认为他们是正在苦苦挣扎的人。二者之间有什么区别?

这项研究的结果写在 2009 年一期《哈佛商业评论》(*Harvard Business*)上。作者写道:"优秀的新领导人有一个显著的特征,那就是他们对成果的关注。"

领导者的待办事项清单上的首要任务应是速赢。与未完成制胜战略的员工相比，老板对新上任的速赢制胜的领导的好评率要高出20%。正如文中提到的，"速赢制胜"可以使你的上司觉得把这个工作交给你是对的；同时，也向你的下属（追随你是靠谱的，因为你知道自己在做什么），以及合作伙伴（你会有所作为）传递了积极的信息。

> ▶ **速赢**
>
> 速赢可以为企业创造显而易见的价值，让企业有立竿见影的改善。由于期限短（两到三个月），速赢往往易于实施。最好的速赢模式就是：在此基础上不断地发展或重复。

那些在调查中尚在"苦苦挣扎"的领导者并没有因为还没速赢就被认定为表现不佳——这一点我们一会儿再讨论。

迄今为止，我们已有了长足的进步。你发现了你的企业在数据方面的薄弱环节，已经开始使用这些知识来概述数据和分析策略优先级、招募或任命你需要的团队，更了解现有团队的优势和劣势。

许多首席信息官从未做过以上这三件事。我想，如果他们做到了这一点，那么他们将更有可能在数据转换项目中取得成功。

我们把这一数据传达给了企业，并对企业战略做出了分析。这是一个必要的步骤，也是一个正面的步骤，但同时也会引发人们的期望。考虑到其中一些人可能曾经听过类似的承诺，考虑到人的记忆力有限，再加上公司对其承诺的重要信息很有可能使公司遭受损失，所以每个人都应该表现出能够快速创造实际价值的能力。

近来，我被一家石油公司聘用，为一个短期项目工作。我是他们试图聘请的第三个首席信息官。第一位首席信息官懂得如何向人们展示所有的可能性，也懂得不同的技巧，但在实际操作上，却很少有作为。第二位是他们从公司内部提拔上来的。他懂一点金融，但是不懂数据。这两个人都没能在短时间内做出成绩，因此公司也很快对他们失去了耐心。他们居然给了我一些预算，虽然很少，但还是让我吃了一惊，因为这意味着我必须在工作的第一天就表现出自己的价值。这并非一种羞辱，更像是一种挑战。

速胜剖析

你需要向董事会、团队和同事证明，你是与众不同的。起初，可能进展很慢，但和前任首席信息官比起来，你的成果已经很明显。那么我们怎样才能挑出合适的项目呢？

务必速赢以制胜

经验之谈：除非首席数据官能在不到三个月的时间内拿出成果来，否则数据转换的方向就会变得很尴尬。这样一来，许多梦想项目，甚至更具讽刺意味的是，任何真正具有变革意义的项目都会被排除在外。这样做未必是件坏事。这件大事不能操之过急，要做好充分的准备才行。

切口要小

以企业的一个领域、一个办公室或一个项目设定目标。不要说："其他办公室只需要多做一点工作就可以了。"这是不可能的，因为无论如何这都会推迟获得成果的时间。

考虑可扩展性

要想迅速取胜，就必须把自己的价值传达给别人。所以，挑选一个能让你在其他业务部门或多个地方复制成功的项目是非常关键的。这个限额是用来保证你没有过分地透支自己。如果你回到自己的团队，告诉他们"我承诺在一间办公室节省 5 万美元，但另外 99 间办公室我们还没有研究过"，那他们是可以算出来的。如果你承诺只在一间办公室节省 500 万美元，而不去管其他 99 间办公室，那么节省的钱还是一样多。

瞄准你所知道的

请注意，此时，我们对于这些已知的数据问题所知甚少，也就是说，在数据或办公室政治中会有一个令人讨厌的惊喜。将野心限制在一个相对有名的流程或办公室，或是让首席数据官只需要一到两天就能做完应尽的工作，这样能减少你陷入复杂局面的危险。

小心"宠物项目"

作为首席数据官，你在为你的第一个项目做准备的时候，你就会对一些人的过度热情表示怀疑。对于一些在办公室里受到的过度热情的接待，我们应当表示怀疑。根据我的经验，通常情况下，你的追随者想要提出一个你认为非常重要的商业问题的解决方案，但对他们的同事来说，这并不重要。它可以把你吸引到他们自己的道路上去。这也许会成为一种促进他们关于成功的想法的方法，但这种方法是建立在你素未谋面的竞争者的基础上的。这不是一个快速取胜的计划。

别放弃你的数据和分析策略

不管是哪一种，都要符合你的数据，以及你的分析策略，而这反过来又要与企业目标保持一致。你之所以被推荐给其他人喜爱的项目，是因为公司把精力放在了其他的事情上，而忽视了该项目。举个例子来说，如果把降低成本放在首位，而且大家都清楚这个道理，那么每一个商业单元就会想要表现得正气凛然。在这样的环境中，销售员所要做的第一件事就是如何迅速地提高销售额，以保住自己的饭碗。这一点可以理解，但令人遗憾的是，这样做会让他们分心，从而影响到数据和分析策略。

做一些可重复的事情

还有一个诱人的办法，那就是做一份吸引人的分析报告，比如在某地寻找一批被忽略的客户，或是寻找一名超级销售员。掌声过后，人们会发现，这样做并不能给别人带来什么好处。这个问题在公司雇佣数据科学家的时候就很常见了。我们尊重数据科学家，因为他们喜欢实验，不安分，富有创造力，但是有时候，他们的性格也会成为他们最大的软肋。成功的洞察力会让大部分首席执行官立刻思考，怎样才能最大化发挥数据科学家的能力。假如首席执行官问"接下来呢？"数据科学家也许会把它解读成另一种讯息。

任务：确定正确的项目

现在让我们看看什么是速胜以及制胜方法。请参阅图5-1。理想的项目将给企业带来很高的价值，且实施起来相对简单。速胜位于图5-1的右上象限。

这说起来容易，但是实际上却是非常困难的。这里有一些提示可以帮助你筛选项目。

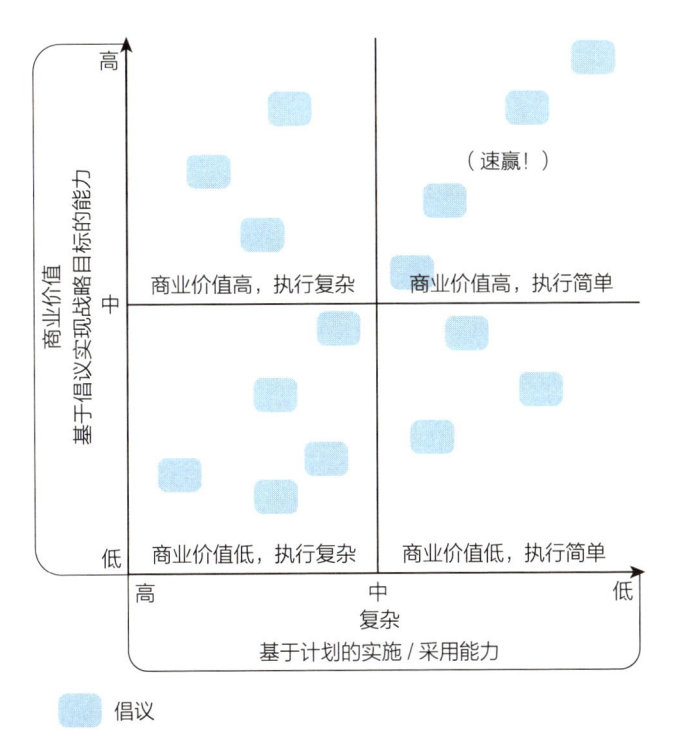

图中纵轴：商业价值 / 基于倡议实现战略目标的能力（高、中、低）
图中横轴：复杂 / 基于计划的实施 / 采用能力（高、中、低）

象限内容：
- 左上：商业价值高，执行复杂
- 右上：商业价值高，执行简单（速赢！）
- 左下：商业价值低，执行复杂
- 右下：商业价值低，执行简单

图例：倡议

图 5-1 速胜

别让自己脱离数据

要想找到要解决的问题,最好的办法就是与各个层次的人员进行面对面的交流,找出他们的烦恼和痛点。一般情况下,人工智能部门不会直接指出你的错误。

别太在意一开始就听到的东西。你了解的时间越长,你就越会发现,一个小小的失败,一个小小的挫折,或者一个旷日持久的难题,都会影响一个人为了达到公司的策略目标而做出的最大的努力。

为更大的目标寻求问题

你也许会听说某个产品系列莫名其妙地花费了大量的费用,或是某个特定的客户基础花费过高。这两个问题之所以有意思,是因为任何一个问题的答案都可以被重现,并且能够为那些可能具有普遍性的问题提供一定的洞察力。

小数据,而非大数据

我们被海量的数据所吸引。要想快速获胜,你就得有充足的数据去弄清楚到底是怎么回事,但清理和分析数据可能需要几个月的时间。假如这个项目可以通过仅比较两条数据,或者研究一下为何某一位数看起来并未被加起来,就能获得进步,我不推荐在此阶段进行过度的分析。

别好高骛远

很多首席数据官都希望能在短时间内找到新的收入来源、创建仪表盘或从社交媒体情绪中挖掘持久价值来引起轰动。这样的目标太高了。我们应脚踏实地,认真研究数据和分析战略,只有它们才有可能改变企业内部的数据形象,并为企业带来商业利益。我们完全有理由认为,如此高调的计划,不适合在第一天启动,只不过我们还没有谈到而已。

案例分析 CASE

新加坡企业的复印机之谜

2014年7月,是我在一家灵活的共享办公提供商担任全球数据主管的第一个月。它们在全球范围内经营着3000家服务性的办事处。许多初创公司在大楼的一层楼或一个房间里办公,很多成长型企业则利用自己的办公场地来扩展自己的业务范围。一些公司只想在场外举行会议或培训,按小时租用一个房间。我向公司打听了一下,发现大家都很关心导致利润率降低的费用。

分析:服务成本是关键

他们的客户覆盖从三明治到印刷的全方位商业服务领域。某些基本服务(例如电力)被包含在其聘用协议中,其中一些需要付费。由于其长期的固定费用是相当可观的,因此控制成本可以提高其赢利能力。

从长远来看,我的目标是增加入住率或者提高满意度:这些措施在实施之后几乎不可能在几周内有明显的改善。

行动：超越聚合

我检查出了一下总计中的几个明显的错误，按照公司的期望，这些显而易见的节约费用已经得到了满足。财务职能部门发现，费用与收入总额的比例在各国之间大体相同。纵观全局，很少有新意。

我研究了他们商业成本的构成：他们要为每个大楼支付租金，还有运营费用（水电、维修费、保险费等）。

收益分为两份。不管是长租或短租，固定收益实质上就是租客为租用这一场地所付出的成本。如果你想为租客提供附加服务，而非自己的生意，那就要收费了。值得注意的是，每个小型的服务都是要向租客收费的，这样做不但会让客户失去收益，而且会立即成为该办公室的成本，因为该办公室会为此支付费用。我对此很有兴趣。

尽管财务部关注的是汇总，但是我是一个数据极客，很自然地，我想知道成本的详细情况，以及他们是如何进行对比的。这一点在所有人看来都是家常便饭，尤其是压根没有人想过去深究它。互联网电影数据库的年度记录显示，在《超人Ⅲ》（*Superman Ⅲ*）中，理查德·普赖尔（Richard Pryor）饰演的格斯·戈尔曼（Gus Gorman）通过"切香肠"式的方法来窃取雇主的钱财——从每张支票中收取一分钱，并将其存入他的个人账户。虽然本例中并未出现任何违规行为，但是其对企业的影响却是一样的：没有人去关注那些小规模的、经常性的亏损。如果有些服务没有被认为是很重要的,那么这些服务的退款会不会弥补他们的花费漏洞呢?如果没有,那么3000间办公室的情况是否相同(我们系统性地降低了收费标准)?还是有所不同(我们在某些地方没有正确执行政策)?

如果对真正大额拒付的执法不平衡,就会出现这种情况。但是这种类型的数据多是噪声数据,还有很多独立退款,所以你不能寄希望于此。

但这些数字可以表明,这种商业模式能否正常运转、每项服务的退款价格是否需要调整,以及用户有没有忘记做什么事情。在分解数据时,你可能因为这些隐藏问题给业务带来成本。通过对不同地点数据的分析,我发现各个办事处在个别服务上都存在差异。

在新加坡,我可以确定该企业每个月支付的复印费用非常高。新加坡的复印费用分摊是零。细分数据显示,出于某种原因,该办公室没有执行基本政策,所有租户都在免费复印。因为每个项目所花费的费用并不高,所以这并没有引起任何雇员的警觉。总部访问大楼的人一般也不会注意到。

也许是工作人员没有经过培训,把免费复印当成了一项服务,或者他们不愿意收取客户的费用,抑或他们根本就没有把表单填好。数据不能说明原因,但是事实就是如此。如果我们解决了新加坡企业的复印机之谜,只要按现行的政策去做,就能立刻省下一大笔钱。不管这背后的根源是什么，其影响都是使该办公室的盈利减少了数十万英镑。

结果：发现局部失误并改进

我制订了一些KPI[1]，并通过计算一个新变量，对3000个办事处的所有服务进行了对比，核对了每个办事处每项服务的退款率。着手实施时，我发现整个企业内应该按相同的费率收取的服务出现了不规则的峰值。我发现在大多数领域和大多数办公室，拒付率都是80%或90%。这和企业期望的一致：政策是相同的，但是却不能很好地被执行或者汇报。有些服务也不适用于客户。短短几周内，那些没有执行政策的办公室开始执行后，公司的成本就下降了，收入就增加了，营业利润率就上升了。

问题的解决不会总是那么干净利索。但是这个例子表明，仅仅看一眼那些在投入资金前就已经被汇总起来的数据，我们就能立刻取得成功。这一点在过去并未引起足够的重视。

从个人速胜到集体速胜

我以前在《哈佛商业评论》上推荐过一篇文章——《速赢

---

[1] KPI 指关键绩效指标。——编者注

悖论》。尽管初期的成功赢得了赞誉，受到了团队和董事会的积极关注，保证了下一步的预算，但他们却发现，五分之三的项目负责人都因为追求速胜而产生了消极行为。

换言之，对快速取胜的欲望往往会破坏整个项目——如果管理不善，就会波及项目的领导者。

▶ **速赢悖论**

如果项目存在缺陷，急于向领导者展示有形价值往往会产生相反的效果。

在回顾第一章时，当我们问及企业对数据转换的需求时，我们发现了一系列商业问题。这些问题都是那些希望参与到解决方案中去的人们所要面对的挑战。合作和协作是重要的特征。研究人员发现了矛盾之处，在许多情况下，急切地想要证明自己，结果往往会适得其反。所以，如果你想要推动数据转换速赢，那么根据这篇文章，以下是几点建议，以确保速赢也能成为积极的一步。

避免手忙脚乱

调查显示，人们急切地想要表现出对细节的过分关注。不管是哪个项目的负责人，他们都希望把一切都揽在自己身上，把别人排除在外。过分关注细节会减慢项目的进度。

虚心接受批评

新的首席数据官无法立即赢得所有人的青睐。当然，他可以进行项目授权。但是，如果他忽略了那些有益于结果的提议，那将会是毁灭性的打击。

不要恐吓

在这一点上，信任度可能会降低。首席数据官急于展示权威。研究表明，很多人会把注意力集中在自己的天赋上，在这种情况下，他们会变得目中无人、傲慢自大。即使项目终获成功，如果首席数据官不够低调、谦逊，那他也有可能给数据转化带来更大的阻力。

不要妄下结论

在这个问题上，我们还有许多不明之处。要达到立竿见影的胜利，我们往往会太多地依靠先入之见。

试着不去管那些细枝末节。让所有人都能在截止日期前完成手头的工作。这就是你雇佣他们的原因。

速赢不等于战略胜利

最后，我们要记住，胜利就是胜利，胜利不是数据和分析策略。通过为企业创造价值，速赢可能会在几周内做到许多前辈几年都做不到的事情：这就是数据在改善企业方面的作用。

人们可能会抵制不了再次尝试的诱惑，但是这样的实践会减少回报。其中一个明显的理由就是：在任何一家公司里，能够速赢的方法是非常有限的。沉迷于快速获胜可能会妨碍策略的执行，因为这会分散数据团队的注意力，而无法创建一种可持续的数据存储方式，让数据改变商业模式。企业要求在数据的质量、数据生成与使用方式以及业务运营方式等方面进行不同程度的改进。中间会有很多胜利，但瞬间速胜的却不多。

因此，我们必须不断改进战略思维。下一章我们会讲如何选择可重复获胜的项目，并利用数据进行试验。

总结

- 在不到三个月的时间内交付可衡量的结果，是将数据的价值向管理层展示的最佳途径。
- 不要对某个项目的规模或范围有太多的期望，也别被所谓的"宠物项目"给骗了。查找一些易于管理的内容，稍后将它们应用到其他环境中。
- 找出前后矛盾或不能被解释的统计数据。这表明，速战速决思路可以集中在一两个未被适当地分析或汇总的数据来源上。
- 当心数据团队陷入困境。注意细节很重要，但授权也必不可少。
- 速赢能让人得到荣誉、关注和预算，所以会让人上瘾。但别让它们转移了你对数据团队的长远策略目标的关注。

第六章
CHAPTER 6

重复与学习

以结果为导向的数据与分析策略,若能被举一反三,将会更加有效率。数据测试还能加快学习速度。

关键概念
- 数据处理
- 业务变更流程
- A/B 测试

概述

我们赢得很快,应该庆祝一下。但是,如果所有的项目都要从头做起,去寻找,去分析,去总结,再获得下一次的成功,那这可能要好几个月。数据团队下次可能就没这么幸运了,干劲全无,好不容易争取到的位置也不复存在。这并不是转型。假如第二次速胜发生在一周之后,这说明团队已经找到并清理了数据,那么即便是一个消极的结果,也不会造成太大的影响。在项目的最初阶段,我们应当致力于改善它。它可以被重新利用,并且可以被反复使用。本章将重点介绍如何做到这一点。

请参阅第五章所述之新加坡企业的复印问题。我们为速胜帮公司节约了一笔钱。这个办法适用于企业的任意一个部门、任何产品的退货，效果很好。我们发现，许多公司在多数时候都可以很好地完成大部分工作。我找到了一个稀有且代价高昂的规律。它可以在任何时候被应用于任何办事处或办事处的任何服务，因而具有可重复性。

除经济效益外，在很多情况下，企业都采用同样的流程，这也是一个组织改善流程的步骤。这表明，我们不仅能处理紧急情况，而且能让公司的全体员工都学到更好的东西。

为什么要进行重复学习？

速赢并没有鼓励任何人采取不同的行动。实际上，这样做反而会起到适得其反的作用：如果没有人需要对事物的实践和成因进行更深层次的思考，那么数据小组就只能充当一支临时的修正者队伍，而不能成为组织变化的催化剂。所以，在开发的初期，我们就必须在团队内以及公司内营造一种重复性学习的氛围文化。

反复给出上下文

一次又一次的成功尝试有助于我们了解为什么会这样。这比将一份抽象的战略放在一页幻灯片上，并期望每个人都能参与其中，效果更好。所以，如果我们告知上面案例中的项目处，我们会对他们的支出进行一次分析，那么我们就能解释为什么这次分析能帮助其他项目处提高盈利、获得更大的成功了。这看上去并不像一个数据警察跑到镇上来向人们报告他们所做的事情，有时候只是一个无心之举。

重复有助于将有限的资源集中起来

速战速决有助于获得数据转型预算，很少会开空头支票。执行一系列一次性项目会耗尽所有资源。我参与过多个数据转型项目，通常情况下，人力资源部门会发出这样的要求："我们只是需要确定适合我们工作流程的人。"假设你成功地完成了这个速赢项目，接下来你该怎么办呢？这个项目不会留下任何可供借鉴的流程。即使你把相同的项目带到其他办公室，也只能从一组全新的数据开始从头操作。如果项目与数据发展策略一致，又能为企业带来收益，那你就可以进行下去了。我只是想说，这样的项目很难获得较高的时间回报率，而这一点恰恰是你要在项目最初几个月达到的目标。

重复就是记录

很多公司并不在乎方法论、什么是有效的、什么是无效的。这本书能缩短数据团队创造价值所需的时间、转变数据团队创造价值的方式。通过对工作内容、工作方式的记录，数据团队转变管理方式，不断优化团队。同时，在这个过程中，他们也获得了更大的收获和启发。

重复性赋能业务发展

这标志着企业进入可持续发展状态。以新加坡公司为例，由于忽略了退还费用，公司得以节约开支。最后，30000家公司坚持了统一的"复制—再付款"规则。但是，企业也要从中吸取教训：这些数据不容置疑地显示，缺乏一致性的管理和缺乏监督的商业行为已经使公司付出了代价。这是再正常不过的事了。每家公司都要面对各种挑战。这会引起更广泛的关于机构改革的争论，带来更有利的监管、更优质的培训，甚至改变服务的销售和收费方式。与此同时，它还强调，作为企业一分子的数据团队不应该以孤岛的形式运行。

▶ **衡量方式：记录一个成功的项目**

这个方法可以用来与数据团队内部的其他成员进行沟通（必要时，还可以把外人也包括在内）。与数据小组内部的其他成员进行沟通从根本上来说并不是个技术问题，很多软件可以做到这一点。这与能够捕捉到的改善要素有关。这样一来，在有成员职位调动、生病或工作太忙时，项目才能继续下去。一份完善的档案应至少包含以下几个因素：

范围： 包含哪些内容，不包含哪些内容，重点放在数据上。

输入： 为了得到结果，你必须做些什么。

流程： 对完成项目所需的所有步骤的描述。

输出： 该项目所带来的更改。

衡量： 评估和报告其成功的方式。

风险： 有哪些因素会让流程变得复杂，怎样才能改善它们？

这些步骤不一定要成为繁文缛节，搞得人筋疲力尽，但团队中必须有人来完成（别忘了认知多样性，它看起来就像是一个分析团队成员的工作）。

> 这份文档成功与否，最终要看它是否是一个足够完整、可以让人自行复制的项目（当然，也要考虑技术技能）。这是我们向数据功能标准化和自动化迈出的第一步。

听听数据怎么说

那些在数据转型方面取得成功的企业会直接一猛子投入"大联盟"中，将大量资源投入那些挥霍资源、雄心勃勃但定义不清的IT项目中。现在这样做还为时过早。在还不知道生产哪些产品之前，我们是不会建厂的。但是，我们经常在没有对数据的使用进行适当的评价，甚至没有正确评估是否有需要放入其中的数据之前，就构建了数据仓库或数据湖。从企业内部获取数据来进行学习，是对下一步行动的警告。当你聆听这些数据所传达的讯息时，你会揭露资讯获取、沟通及使用方法上的薄弱环节。事实上，由于需要事先做好准备，投资一个看上去不错的数据项目不会带来大规模的长期利益。这可能是目前较为合理的一个结论。在当前阶段，改变商业过程或者收集数据的激励因素是最重要的。

假定一个虚拟的办公室服务公司发现某个业务部门不能高效地处理手工退货。数据团队发现，这样一来，该公司北部地区的年收入预计会提高10万英镑。

由于该公司在美国东、南、西三地都有自己独立运行的子公司，这样它们就可以获得同样的收入。因此，它开始建立一套新的账目制度，以便汇总数据，使拒付过程自动化，以及监控客户的服务使用情况。但到年底，企业并没有盈利：客户流失率上升了，客户满意度也下降了。

原因何在？管理人员没有对数据或生成数据的业务流程进行充分的检查，就直接进入了最终阶段。

想象一下，位于美国东部地区的分公司退款流程虽然也是手动的，但效率要高得多。在东部的公司，自动化几乎没有什么附加收益。自动化可以提高忠实客户的满意度，也可以节省管理时间——这两种效果都很好，但这不是项目评估的主要依据。

在南部的公司，数据记录的方式有其独特之处，乍一看似乎没有收取额外费用。实际上，这些费用已经被计入总成本之中。南部分公司不得不对会计制度进行改革，重新定义数据的记录方式。这一过程耗费了数月的时间才取得了进展。

在西部的公司，计费结构是完全不同的，也更符合该地区客户的偏好。客户可以选择支付更高的初始费用，这包括了所有的服务。选择这项服务的客户更喜欢旧有系统，并对新系统持反感态度。有些人跳槽去了竞争对手公司；那些选择留下来的人，其收入并没有增加。

首席财务官同样不满意。追加发展所需的费用已消耗掉了所获得的超额收益。如果客户和员工不满意，那他们就不会再有任何变化。

在这一背景下，最初的分析更为合理。他们可以反复进行数据处理。不过，与其急着想办法解决更为复杂的问题，寻找IT解决方案，还不如让业务部门先用数据来说话。

最初的几个月里，他们要迅速地采取措施，保持良好势头，但这并不意味着可以草率地下结论（或让别人替你妄下结论）。有个好方法可以杜绝此类情况发生，那就是不要把时间浪费在数据上，而是要让你和你的团队与企业中的人多多交流。通过这种方式，你不但可以把工作做完，而且可以让客户认识到你实际上是在帮他们，同时也能创造出一个更加完美的过程。

任务：定义数据流程

为了创造有价值的、可重复性的项目，你必须先清楚地界定一套数据搜集与分析程序，并对相关人员进行说明。通过这种方式，数据团队可以向大家说明，他们的理念曾付诸实践，并且取得了一些效果。它还可以让其他人有机会对假设进行质疑，或者对其背景进行解释。虽然这种做法早已过时，但至少可以鼓励其他人参与其中。

▶ **数据处理**

数据处理是通过使用数据帮助企业实现价值的一种方法，包括数据的定义、数据所在的位置以及访问数据方法、尝试解答的问题以及寻找解答问题的操作和技巧。定义流程可用于向所有利益相关者沟通项目的价值。

在创建数据流程时，不要想着如何产生更多的数据。首先，你要设法明确访问（有限）数据的价值，最大化将注意力放在重复利用的数据上。这种方法经常会暴露（上面提到的）底层数据中的问题，同时也会因为这些局限性而导致低效或决策失误。在短期内，我们需要充分利用已有的资源，用一组规模较小但一致的数据进行分析，同时努力研究改进数据质量的方法。

其次，用这个数据来确定其是否符合要求。要想用不同的方法来处理各个业务部门的问题，你就必须掌握充分的数据，并清楚了解所需洞察的内容及其能给企业带来的利益（当然，它们要与整体数据和分析策略保持一致）。

在早期阶段，寻找主要倡导者或赞助商（其支持项目目标并从中受益，级别够高，可以推进项目完成），能够为你给予良好的指导，保证你可以访问数据、达成合作。然后你就可以启动项目了。

任务：制订业务变更流程

你的目的就是要确定一套连贯的、可重复的、符合公司的商业利益的行为。

> ▶ **业务变更流程**
> 业务变更流程是一种从数据中获取企业价值的方式。这是对数据过程的补充，因为它关注的是数据用户为实现价值所能采取的行动。它可被用于将项目的价值传达给所有利益相关者，尤其是经常使用这些数据的人员。

每一家公司都有不同的需求。如果你把注意力集中在降低成本上，那么你就应该把重点放在供应商数据上。客户数据是创收的重点。对员工了解越多，就越有利于优化生产力。你也可以利用产品和服务的数据来提高竞争力。

无论重点是什么，你都应在做的每一件事中自觉地把洞察力与可重复的数据流程联系起来，创建调整业务流程的案例。

你要瞅准构建数据仓库、数据湖或任何其他大型数据容器的时机，从小处着手，打造品质。

案例分析 | CASE

降低娱乐公司的客户流失

挑战：降低客户流失

我的一位客户，也为其客户提供网络游戏。数据团队的战略数据目标是在整个业务链条中挽救客户流失。我们通过查看客户数据，找出并报告了问题客户，迅速地处理了其客户流失问题。之后，我们的客户服务团队立即与他们取得了联系，并解决了问题。我们希望重复利用这些数据，以进一步减少其客户流失。

分析：在合理的地方实施激励措施

通过利用相同的数据，数据团队可以告知营销部门哪些客户最有可能流失。再次使用相同的数据，可以计算这些客户的生命周期价值。这样，我们可以针对激励措施更好地利用我们的产品。要做到这一点，就必须避免在此阶段将数据用于过于复杂的操作。大部分的数据处理是很简单的。关键在于利用数据驱动商业过程。

> **行动：及时联系**

营销部门通过我们建立的流程向那些不满意的客户发送奖励优惠。通过利用这些数据，每个星期我们就可以得到一个最有可能流失的客户列表。我们每天都会通过发送奖励优惠与他们保持联系。

> **结果：保留客户的过程**

从数据中我们得知，我们不能在公司发现客户账户冻结的这几个星期内联系客户报价，必须当机立断做出决定。但是，要做到这一点，就得分三步走：评估我们为客户提供的价值；重复使用数据；实施改进业务流程的战术。实现这一目标后，该公司的客户流失率大大下降。

勇于探索，勇于创新

不断尝试也是另一个利用重复发挥优势的方法之一。

十多年来，谷歌公司和亚马逊公司一直在通过运行数百个 A/B 来优化他们的网页。在测试中，一半用户会看到一个界面，另一半用户则会看到另一个界面，最终比较成功的一种将被采纳。

▶ A/B 测试

A/B 测试是一项简单的测试，用来判断两种产品或策略中哪一种更受客户青睐。一般来说，一种叫作"控制"，另一种叫作"创新"。从统计的角度来看，如果 A 组的各项指标都和 B 组类似，那么这种检测方法是有效的。如果两者之间存在很大的差别，则可以归咎于技术革新。

这并非什么新鲜事。数据访问变得越来越容易。如果结果显示没有任何改变，那么说明要么你不应该再浪费任何时间，要么（并且很可能在这个阶段）你需要更好的数据。《大西洋月刊》（*The Atlantic*）曾刊文说，亚马逊公司的一位试验者格雷格·林登（Greg Linden）认为试验是进步的关键。他说："你需要尝试很多事情。"他还说："天才是在无数次失败中诞生的。在每次失败的测试中，我们都能从中吸取教训，从而发现有效的方法。"这个过程已经变得越来越普遍，我们的标准化方法表明，即便是到了这一步，你也可以开始尝试一种实验性文化——将其中一种干预措施应用于所有客户，然后看看具体情形，以检测其是否有效。但是，如果你这么做了，那你要明白，当天或者与该组之间，可能存在一些混淆因素，而你看到的也会是不同的结果。假设你看到的确实是干预的结果，但业务部门将其归结于其他原因，例如，直线经理会认为是员工带来了这种结果，你要能证明每一次干预都在发挥作用，就不仅能学到东西，还能为企业创造直接价值。这是另一种速胜，同样可以帮你了解后续步骤。

从中你会了解到，若想维持成功，就需要更完善的数据。什么是"更完善"？怎样才能让数据更完善？这将是我们下一章讲述的重点。

总结

- 在项目前期准备过程中，始终要考虑如何重复利用数据和方法，将方法标准化并编制文档，使重复利用成为可能。
- 重复使用可以最大限度地利用有限的资源，帮助你更好地了解业务。因为有成功先例，它还可以帮你解释所从事工作的优点。步子不要迈得太快。在某个业务领域速胜的方法在其他环境中可能"水土不服"。因此，建议你采取行动之前，与生成和使用数据的人多多交谈。
- 展示跨业务利用数据的优势，开始打破竖井，或者为客户、成本或跨多个业务单元的产品之间创建一种统一的处理方式。只有这样，日后才有可能做出更根本的改变。在处理一致性数据时，A/B测试有助于快速出结果，即使是负面的，也是有价值的。

PART 3

第三部分

第二个阶段：成熟

| 渴望 | **成熟** | 工业化 | 实现 | 区分 |

如果你能在一开始就完成几个速胜项目,那么你就可以看到我们所学到的东西了。我们会创建一些可以反复进行的流程,这样一来,就可以从中找出很多与企业数据、数据优劣势和企业层面影响项目进展的因素。我们推荐数据团队着手构建一个连贯的、高质量的数据源。这些数据源可以给公司带来更多价值,并帮助公司转变成一种全新的工作模式。这一阶段付出的努力不会白费,将为之后的阶段带来诸多回报。

在工业化进程中,这个阶段也表明:在一个机构中,只有单一事实来源和单一客户视图,具有难以置信的影响力。

此阶段 VBI 模式的活动如下:

价值。数据团队将创建高质量数据,让企业可以安心地使用。数据团队这样做就能在企业中建立起大家对数据转化的信心。

构建。这一轮集中在质量和管理方面,其每一环节都在进行数据处理。这个阶段用于报告客户的单一视图,以此来进行下一步的工作。

提升。通过这些革新,企业能够认识到业务部门所找出的潜在问题,有助于对风险和合规进行管理,以及发现数据转换中可能出现的情况。

第七章
CHAPTER 7

数据治理

我们应明确数据的位置、收集和使用的方式，以及数据的含义。不然，在试着解读数据传达的信息时，我们很可能会犯错误。严格的数据治理，是进行高效的数据管理与分析的前提之一。

> **关键概念**
> - 数据治理
> - 数据出处
> - 数据问责制
> - 数据管家
> - 数据所有者
> - 数据执行者

概述

2020年7月16日，牛津大学循证医学中心发表了一篇文章，标题令人惊恐为《为何英格兰无一人能从新冠中康复？》作者约思·洛克（Yoon Loke）和卡尔·赫尼根（Carl Heneghan）并没有进行医学观察：他们的看法完全基于统计数据。研究人员通过对英格兰公共卫生部门对新冠死亡率的统计方式分析，发现了一个重大的统计异常，即英国因流感而死亡的人口可能高达几千万。

在新冠的死亡率统计中，苏格兰、威尔士和北爱尔兰都是以检测结果呈阳性后 28 天之内的死亡率来统计的。这是一种通用的统计方法，但并未被普遍采用（例如，世界卫生组织没有对新冠导致的死亡做出具体的定义）。

然而，英格兰的统计学家相信这么计算可能会低估死亡人数，因此任何检测呈阳性随后又死亡的人，都会被视为因感染新冠病毒而死亡。起初，这项措施是有许多可取之处的：假如有人检测呈阳性，被送入纽卡斯尔的重症监护室，在医疗专业人员的奋力救治下存活了一个月，但不幸在五周后死去，那么他就理所当然地会被登记为因感染新冠病毒而死亡。如果同一个人被送往爱丁堡以北 120 英里[1] 的医院接受同样的治疗，就不会被认定为因新冠病毒而死亡。在这种情况下，英格兰的计数方法似乎更胜一筹。

由于新冠病毒在全球范围内的广泛传播，各种统计上的反常现象就更应得到重视。很多受到新冠疫情影响的患者或是患有既往疾病，或是年事已高，因此从统计上讲，他们康复后死亡较快的可能性相对要大得多。所以数月之后，会有更多的人死于误判。

因为每个测试呈阳性的人都可能会在一定时间内死亡，最终英格兰所有测试呈阳性、随后病情好转并死于完全不相关

---

[1] 1 英里约等于 1.609 千米。——编者注

原因的人都被记录为因新冠病毒而死。

两位作者这样写道：

> 根据英格兰公共卫生部门的定义，英格兰的任何新冠患者都不能痊愈。检测呈阳性但被治愈并出院的患者，即使三个月后心脏病发作或被公共汽车碾过，仍将被视为因感染新冠病毒而死亡。我写信给时任英国首相鲍里斯·约翰逊解释了这一点，说明这种计算方法让英国与其他国家相比处于劣势。因此，2020年8月12日，英国公共卫生部门将英格兰的新冠疫情死亡总数下调了5 377人，报告称有36 695人在感染该病毒后死亡。前一天，这一数字则为42 072人。需要指出的是，这个调整并不会对英格兰实际的新冠疫情造成的死亡数量产生任何影响。但是，就像公司的实际利润、客户满意度的确切水平，乃至准确的销售额一样——我们都不清楚它的真正含义。对于所有的估算，36 695和42 072，都会有一定的测量误差。
>
> 英国国家统计局统计的感染新冠病毒的死亡人数大大超出预期。这个统计数比预期高出好几千。在这种情况下，我们有充分的证据表明，这两者都严重低估了新冠疫情带来的整体影响。

因此，我们可以顺理成章地提出询问，假设十有八九会使官方数据与"真相"之间产生更大的偏差，既然如此，为什么更正数据才是正确的做法呢？这是一个数据治理的绝佳示例。采用28天标准有以下两大优点：第一，利用组合构造方法，使先前的统计数据与实际值之间的偏差越来越大，最终失去直观意义。如果你能在会议上理智地解释这些数据的来龙去脉，它就无法通过测试。第二，英格兰无法进行有意义的比较，因此将新冠疫情死亡率数据作为决策依据仍存在致命缺陷。在采用新标准后，英国政界人士和流行病学家聚集在一起，共同探讨对策进展或者急救措施的效果，将从英国各地的、使用相同方法捕获和分析的数据进行比较。

"数据治理"看起来就像是为了取悦监管者或审计师而进行的无聊打钩练习。的确，做得好会让双方都开心。

事实远非如此。为使用的数据创建一个通用的、有意义的定义，然后用一种统一的方式来抽取、编译或者计算这些数据，可能是你承担的最重要的项目之一。你最好通过创建单一客户视图来说明这一点——这在第九章中有更多的描述。数据管理和我们即将讨论的数据质量规划，是你要完成的所有任务的基础，也是大部分工作成功与否的关键。

数据治理可能会非常棘手，也有可能搅乱整个企业运营秩序。这将是你首次（也是最有意义的一次机会），通过这些数据来显示你的"坚强"。

什么是数据治理？

我们应该确定不良数据治理的问题到底是什么。我们已经在第一章讨论了一个简单的事实：你的同事对数据版本的正确性有异议吗？数据治理还包括很多内容，具体是什么取决于反对的理由和可以采用的方法。

请参照 2021 年国际数据治理研究所给出的解释来界定这一重要的概念。

> **▶ 数据治理**
>
> 数据治理是一种与信息相关的过程决策，依照既定模型来实施。该模型描述了谁可以对什么信息采取什么行动、在什么时候、在什么情况下、使用什么方法。

这些年来，在我经手的大部分工作中，我所处理的大多数工作都是高质量的数据治理。我认为，"我们需要改进"比"弄清楚该做什么"或"如何做"要容易。我们要认识到，这并不是令人头疼的公司事务，可以放任自流。糟糕的数据治理会破坏良好的决策，并造成频繁的失误决策，还会让企业面临风险，制造不必要的冲突。如果不加以制止，那么问题将不可避免地恶化。这些事情风险值都很高，关乎一个企业的生死存亡。

在第一章里，我们已经提到过一个经典案例，按照我的说法它就是一个最糟糕的例子：由于数据管理不善，世通公司于 2002 年倒闭。世通公司是世界上最大的电信运营商，租用了多条国际专线，提供了大量的网际网络服务。2001 年，由于经济衰退，很多网络公司都倒闭了。这家公司拥有太多网络公司的租赁合同，在需求复苏之前，每年要为闲置的设备付出 7.71 亿美元的运营成本。

世通在艰难的情况下，将这笔租赁费用改成了"在建工程"，并将这笔款项视为一种投资。根据这个定义，租约神奇地变成了资产。

如果你上过金融课程，你就会明白，这甚至连灰色地带都算不上，而外部审计师早该发现这一点。但是没有人去查询这些数据。事后，他们也承认，他们是因为相信了世通公司的会计报表，所以才会同意。无论是因为他们不知道还是选择不去询问，几乎所有在世通公司的人都认为它报告的数字没问题（最终是由内部审计团队揭露了真相）。

当我们摆脱了那些无聊的数据治理定义之后，我们会忽然意识到，这些问题其实很广泛。这不仅仅关乎你的商业计划能否成功，也关乎整个企业的健康。

世通公司破产和新冠疫情数据统计的例子告诉我们数据治理包括三个方面：

数据应有出处。数据来源应是透明的，且对其的说明是合理的，符合这一来源。

应准确描述数据。数据所声称的就是它所代表的内容，而不同部门使用不同的词来描述相同的数据。"收入"一词往往是罪魁祸首。你可以做个试验，查看一下公司的内部报告，看看不同部门是否以相同的方式描述收入，并且随着时间的推移始终如一。在数据治理中，你必须详细说明"收入"。我们必须弄清楚，那就是总收益，而且要有一个时间周期，还得有一个货币单位。如果没有这些限定条件，就很容易被误解，当人们不顾一切地利用数据，找到一个可被称为"收入"的词，却不知道这个词的含义，就把它用在报告上时。

数据总是贯穿于企业内部。如果你和我处于不同的业务部门，那我们查找数据时就会获得相通的值。

▶ 数据出处

元数据使我们能够对某一项数据进行归因，例如，用于财务报告和审计的数据。我们必须对这些数据进行界定，以便对商业决定产生影响。

世通公司未能达到以上三项标准：出处、准确性和一致性。公司倒闭的一部分原因是没人知道它的数据从哪里来[所以不堪重负的会计师事务所安达信公司（Arthur Andersen）最终相信了这些数字]。很明显，这些企业已经承担了负债，只不过被误认为是"资产"而已。如果与不同的业务部门讨论收入，你就会发现来自各个系统的不一致的数据。这是内部审计团队的工作，他们应该认识到问题所在。

每一个企业的每个部门都有自己的数据治理问题，但是这些问题更像"英国公共卫生部门"案例而不是类似"世通公司破产"。这是由于人们试图完成工作、在时间紧迫的情况下做出决策、没有更新定义或系统，以及没有得到适当的培训而导致的演变。在这样的环境中，一个理智的人也许会犯错误。以下有三个实例，也许能帮到你。

去中心化业务中的数据来源

一般情况下，分散式企业有许多小型网点，会利用当地雇员，让它们每年手动创建汇总报告来汇报财政和其他绩效。这样各网点出现了监管问题，董事会是不知道问题从何而来的。此外，由于没有统一生成数据的方法，所以总部难以对各个部门进行比较。因此，管理人员对在办公室之间分配资源缺乏信心，同时他们还承受着更高的监管和声誉风险。

复杂发票的数据准确性

大型供应商开具的发票上的商品都具有不同的折旧率。在账户中，有人试图将其输入系统。但是如果只有一个发票号，会计系统就不会允许很多折旧率。数据录入人员会做出决定："为了避免资产迅速贬值，我们将为所有资产选择最慢的折旧率。"

各部门之间的数据精确度与一致性之间的矛盾

一家公司的销售人员会按照每个销售人员与客户达成的价格来预订交易，并根据这些交易计算他们的奖金。销售总监自豪地向董事会指出，营业额上升了10%。单看营收数据，业绩似乎表现平平，这让财务团队感到不解。管理人员发现，销售人员的收入不包括营销应用的自动折扣。在这种情况下，奖金是按照折扣前的价格计算的。

问责制的重要性

在数据治理研究所的定义中，数据治理还有第四个含义：必须有人对数据负责。

管理上的问题（或者说，它的每天运行情况）也许早在我们还没有意识到数据转化的时候就已经显现出来了。只不过在虚拟世界里，管理人员往往并没有把它看成一个数据问题。

他们也许会简单地把它看作一个长久的问题，就像员工患病或者经济萧条那样，认为它会带来更多的商业费用。

我在第一章中曾说，治理危机的第一个表现可能非常简单，如同两个人开会时发生的争执。这个问题是老生常谈了：谁也不想说，一份绩效报告能不能被用来做决定。很有可能，看似辉煌的经营绩效和每季度就会出现一次令人沮丧的财报会同时出现。大多数情况下，有些业内人士会双手托着头，盯着数据表格，想着为什么"数据对不上"。与此类似，企业里的其他人也看不到问题所在。

必须有人负责

改善数据治理项目代表指定人员应负责业务中每项数据的来源、描述和一致性。当你把那些问题都揭露出来的时候，那是非常难堪的，也是一种低效率的表现。所有的人都同意大家应该做得更好。将来，大家还会大力宣传，以期有更好的表现。

一定要有人专门负责数据。我经常惊讶地发现跨国公司里没有人承担这项工作。也许管理人员会假设，IT 系统或其他受治理的过程都会产生数据，因此他们不需要承担责任，或者说应该承担责任。

这个事情就很糟糕，而且违反了《通用数据保护条例》。英国信息专员办公室 2021 年曾指出：

> 数据问责制不是一种敷衍塞责的做法。根据英国《通用数据保护条例》，你要有足够的前瞻性和组织性来处理你的个人信息保护问题。要想证明你的合规要求，你就得有能力提出你所采取的措施是合乎法规的理由。

> ▶ **数据问责制**
>
> 数据问责制的原则是，每一项数据都要有一个特定的人负责。这个人也可以示范如何保证对数据进行适当的管理。要知道，这是数据管理的一个组成部分，并且是一个完整的商业运作的组成部分。

缺乏问责制可能是偶发事件

创建数据的过程可能是非正式的、动态的且不断发展的，因此缺乏问责制往往是偶然的。回顾一下对新冠疫情死亡人数的统计。这个似乎没有国际标准，也不存在所谓"正确"的统计方法。有些方法与其他方法不一致，有些方法可以为决策打下良好基础，有一些统计学家只是在尽力而为。这些数据的准确程度不仅取决于技术或统计数据，还取决于管理决策。

冲突可能导致问责制的缺失

实施数据治理就意味着有一个部门要被问责。这可能被看作一种"惩罚"一个或多个业务部门的权力。销售团队预计的收入没有折扣，而财务部门则将收入视为折扣后的净额，双方都不想让步。如果一方是事实的唯一来源，那么另一方就会感觉自身处于劣势。要想做到这一点，你可以明确两个概念：一个是毛收入，另一个是净收入（扣除折扣、信用和返还）。但总得有个人来负责，而这个人并不是首席数据官，也不是数据团队的其他成员。这些都是操作性的、管理性的决策，如果没有对业务的深入了解，这个人是不可能回答执行团队或监管机构提出的关于数据来源、准确性或一致性的问题的。问责制不能完全委托给一个业务职能，例如财务，因为许多数据是非财务性的（如就业、绩效或客户数据）。多个利益相关者都希望把自己的视角和风险观点强加给各方，因此我们必须慎重对待它。

数据管家、数据所有者和数据执行者

因此，在没有问责架构和处理相应冲突的场所的情况下，我们就无法实现有效的问责。

任何时候都不能过早地建造这样的架构。在数据过渡的初期，很多活动都是临时性的：快速获胜，边做边学。你也可以和有利益关系的人一起工作。他们有的是主动来找你帮忙的，有的是为了得到高层管理人员的支持。

数据团队与企业互动也应被问责。不要依赖英雄主义、灵光乍现或是私人关系，而要找到真正的解决方法，这样你方能做出决定和改变。我想到了两个不同的角色。

数据管家

在日常工作中，企业有必要给每个部门配备"数据管家"。设想一下，他们就像是各个部门都指派的消防队长：他们不制定规则，但是在某些方面有专长，比你更了解相关政策，有时候还会跟你聊上几句。数据管家足智多谋，对这一部分的数据了如指掌。你可以通过去找数据监管者，了解信息，并解决一些简单的问题。

> ▶ 数据管家
>
> 数据管家是部门中了解如何收集和使用数据的人员（非法定的、非管理的）。数据管家充当数据团队和业务部门之间的双向信息通道。

任命数据管家对增进与企业之间的联系大有裨益，这样一来，就有人与你的数据团队共同分担治理责任。通常认为数据管家是给定系统中的专家，是理解并最终修复数据的人。数据治理团队应尽可能规避烦琐，多多开展对话、建立共同的兴趣和利益。数据管家很可能拥有特定系统中的数据，例如，一个财务团队里的一个数据管家就可以管理一个会计系统。这些角色十分关键，它们可以保证这些系统中的数据准确，并且未达成一致意见的商业过程不会被更改。数据所有者。

数据所有者

数据所有者是应该对其区域内数据负责的人。同样，我们在这里不谈论其监管责任。这不是一个正式的职位名称，每个部门也没有一个与之对应的职位，但它确实表示无论谁是数据所有者，都负有决策责任。

> ▶ 数据所有者
>
> 数据所有者是业务中的一个（非法定的）角色，对每个"类型"的数据（人员、财务、客户等）都具有决策权限，被视为该领域的项目和流程改进的推动者。

不要认为这是为每个业务单位委派一个代表，而要认为这是为一种类型的数据拥有一个所有者。你需要有人来管理所有的人事数据，而我一般都会让人力资源总监来做这件事。财务数据的所有者很简单，而供应商数据则更有可能归属于购买者。不过，客户数据更具挑战性，因为资料是在客户支持、销售和营销之间共享。但是，实际上必须有人"拥有"客户数据还需要一个决策和报告机构，即数据执行机构。

数据执行者

数据所有者、首席数字官、首席信息官都可以代表数据执行者。

这个执行者不需要参与日常决策，大家每个月向它汇报进展。

> ▶ **数据执行者**
> 数据执行者是关于如何执行数据和分析策略的决策和争议解决机构，方便业务高级代表与首席信息官进行沟通。数据团队应定期召开会议，向业务部门通报转型的最新进展。由它代为向董事会报告。

作为一名数据管理者，你可以摆脱官僚作风，实现简单化。举个例子，你可以在公司里创建一个单一的事实来源，但说起来容易做起来难。尽管我们大家都认可这个观点，但是这个观点太抽象了，而且包含了多个体系的集成，因此看上去像是一个部门对另一个部门权力的攫取。

一种解决办法是把为其中一项职责产生数据的系统放到一张大图表上，比如，每个人的数据都是由哪些系统产生的，他们之间是怎样互相联系的（或者，更有可能是互不关联），这样就可以激励其他责任部门也这么做。

你会发现，在商业领域里，有 20 个系统，其中 7 个系统执行相同的功能。这 7 种系统中的每个都可以用同样的定义来表示你当前的优先次序。但是，它也表明，要想获得多种真实信息，代价很高，效率也很低。他们希望合并，而你们也希望这样。这就是开始计划的起点。

案例分析 | CASE

乐购公司数据治理失败案例

挑战：报道丑闻

2016 年 10 月，我进入一家公司担任临时职位。一年前，这家公司出现了英国分公司历史上最大的亏损。不仅如此，它还面临着英国严重欺诈办公室持续两年的调查，以及来自投资者的多起集体诉讼和潜在的刑事指控。在我到任前一个月，已经有三名董事因涉嫌诈骗而被控告，他们可能面临最高 10 年的监禁。很多公司与我接触，问我："我们都知道你们对数据很有研究，但你有数据治理和数据质量方面的经验吗？"

分析：多重治理失败

乐购公司这次闹了个大丑闻。当时，有200多名员工和我一起，"拯救"了这家公司，其中有IT人员、财务人员、专门研究业务流程的顾问和许多律师。

乐购公司在不断增长的超级市场行业中处于领先地位。20世纪80年代它曾濒临倒闭。25年后，这家公司已经成长为英国最为成功的全球企业之一。该公司的成功归功于其总部的节约、果断的商业决策、从供应商身上榨取最后一滴利益，以及精心打造的亲民风。

它也是英国第一家了解数据价值的超市，利用从"俱乐部会员卡"中收集的客户购物习惯信息来推动企业增长并为决策提供依据。仅此一件事，就足够让我开心地加入乐购公司的管理层，即使只能干一年。

2014年10月22日，我对乐购公司管理层的崇敬之情荡然无存。上任一个月后，公司的首席执行官承认，乐购公司在上半年的盈利被虚高至2.63亿英镑（后来被修正为3.26亿英镑）。当天乐购公司股价下跌11.5%，公司市值蒸发了20亿英镑。投资方立即启动索赔，声称乐购公司对其盈利能力做出了错误的判断，诱使他们投资其业务。

你可能会问：为什么一个每7英镑零售支出中就赚1英镑、经营3 500家门店、拥有31万名员工的企业需要这么做？这也是我刚到的时候提出的问题。

从发现利润被夸大到我上任的这段时间里，公司意识到，由于它的迅速发展，其创造的财务体系已无法支持它的规模和复杂程度。因此这成为一个系统问题。管理人员也意识到，这本质上是一个数据问题：重写财务应用程序迁移数据存在一定风险，因为它很容易把可能出现的问题从几台电脑转移到另外几台电脑上。

行动：提供数据治理结构

我将不得不重新设计、构建、管理和清理整个公司的损益、销售收入和供应商成本数据集，并实施数据治理、业务流程变更和管理正式数据，以确保这一切再也不会发生。

结果：痛改前非

这一消息并没有上新闻头条。新闻主要报道了乐购公司告知其供应商预付推广款的消息。这与其强硬的经营战略背道而驰。即使在巅峰时期，这种策略也经常让业内人士嗤之以鼻。但是会计制度允许这些做法发生。会计师检查记录时，很难找出问题所在；在查看数据时，却很容易就能看出其中的破绽。在可能的制裁之下，在巨大的压力之下，乐购公司完成了向监管金融体系的转型，并制定了更完善的问责体系。这对管理层和员工来说都是一种压力。2017年，乐购公司与严重欺诈办公室达成和解，并支付了罚款。2020年，该公司与股东达成和解。

乐购公司面临着巨大的、多层面的问题。但从其他角度看，乐购事件并不是一个典型的数据治理项目。关于如何实施更好的治理，我们能从中学到什么？

任务：实施数据治理

你也许会想，这一阶段不会太短。数据治理将贯穿公司所有的变革事件活动。有些里程碑事件，其紧迫性和优先次序可能会随企业而异（图7-1）。成熟度模型显示了首席数据官期望取得的进展。但是，在此过程中还有一些重要的步骤。

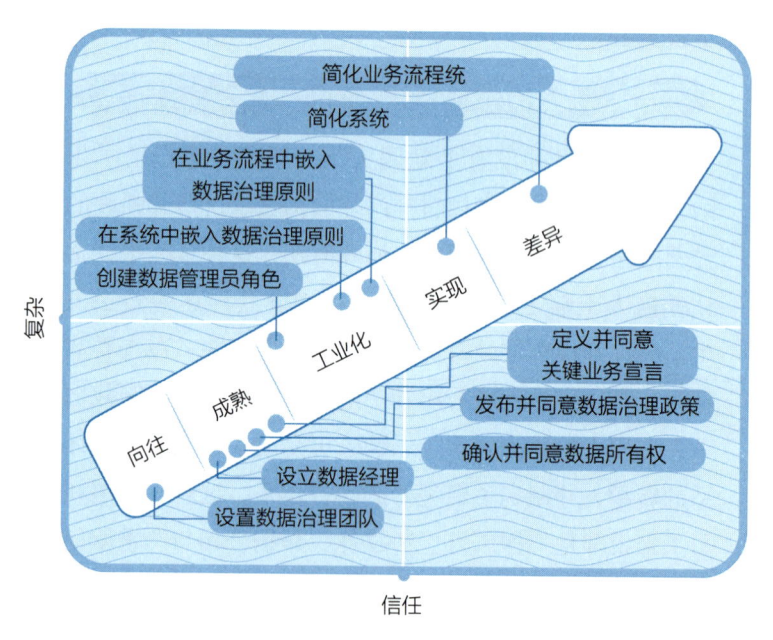

图 7-1　数据治理成熟度模型

数据在哪里？

例如，由于有影子数据资源，这个问题往往非常复杂（参见第一章）。不过，有很多技术工具可以实现这一点。当我们仅需了解企业中存在的数据时，它们就可以实现自动化。数据是如何被创建和存储的？

无论规模大小，大多数企业实际上都是由数据孤岛组成的，乐购也不例外。随着公司不断扩展业务线，每个业务线都在公司各自的办公楼中设立了总部。负责监督这些流程的公司中央办公室规模很小，且负担过重，因此很少有人能够监管整个组织。在这种情况下，各个部门往往会独立创建和管理自己的数据。

查找数据出处

我们不得不重新审视数据汇总的整个流程，这无疑增加了诊断的难度。除了进行逐项的深入审计之外，我们别无他法。这一任务绝不能被马虎处理，因此数据团队必须将调查焦点集中在最关键的数据上。

精准聚焦

这种类型的数据调查内容大部分都是正常的。然而，当专注于 10 到 15 项关键数据时，我们有时会灵光一现，意外发现那些需要重点关注的异常数据。调查必须是彻底的、有证据支撑的，它是解决问题的基础，也是做出决策的依据。

定义数据的起源过程

现在我们可以严格界定谁有权输入数据以及数据的输入

方式。他们有哪些选择？这些选择是什么？数据的审核者是谁？数据的所有者又是谁？识别这些流程和选择能够迅速指出哪些手动或业务流程需要改进？这些流程出现问题的主要原因是它们为不恰当的人群提供了关于如何解读和录入数据的选项。

为今天制订一个计划

制订计划可能会耗时数天至数月，但一旦制订好计划，数据的来源和透明度就会变得更为明确。当时对乐购的调查还在进行中，我们不断被提醒需要继续推进工作，及时提供调查结果，因为监管机构正在等待这些结果。我们需要对基于透明和一致性的数据做出清晰的声明。无论是数亿英镑的财务问题被夸大，还是两个部门负责人关于饼图的争执，这一方法都同样适用。制订计划为后续工作打下了坚实的基础：这就是我们所认为的事实。随后，还会有人就此展开坦诚的讨论。毕竟，并非每个人的看法都是正确的。

建立奖励机制来保护数据治理

在项目完成之后，你还要和管理人员或者数据主管一起工作。在他们的任职期满之后，你也要找到办法来保证所执行的管理准则可以继续被有效地执行下去。不良数据输入和数据处理习惯的形成是有原因的。你还可以通过自动化来解决其中的许多问题，我们稍后将对此进行探讨。

请注意，实施最终步骤时你很可能会遇到冲突，试图推进数据治理的人可能会被告知应该只管自己的事务。你要坚持自己的做法，一个成功的治理项目会为所有后续工作提供坚实的基础。

任何旨在转型的数据团队都不能永远只关注治理调查。他们必须创造一种环境，在这种环境中，创建可靠的数据并将其作为业务流程的一部分自然而然地建立基于信任的体系。若无企业高层的支持和对其重要性的认识，达成这一目标是不可能的。我听到我的一位同行将数据治理称为"卓越数据"。每个企业都希望拥有优质的数据，但我不确定他们是否希望在整个企业中都实施数据监管。这是一个"微妙的转变"，如果企业接受，那么这么做绝对是值得的。

总结

- 数据必须有出处。每一个用户都必须了解或者能够找到这些数据的来源。
- 数据一定要准确无误。也就是说，大家必须认同数据反映了真理（或接近真理）。注意：在数据的世界里只能有一个真理。
- 受治理的数据是一致的。用同样的方法来创建并汇报企业流程。
- 问责制至关重要，否则改善将是微小的和暂时的。为了保持管理，你需要提供合适的奖励（或者排除负面刺激）。数据执法部门负责处理因治理而引起的纠纷，并将这一信息通过企业传播出去。

第八章
CHAPTER 8

数据质量

任何数据项目都必须从一开始将数据质量放在首位。当数据质量提高时，其有效性和信任度也会随之提高。一些技术的进步是迅速的，而另一些技术却是耗时耗力的。

> **关键概念**
> - 数据质量
> - 数据质量领导者

概述

数据质量与数据治理，二者此消彼长，互为平衡。当然，提高数据质量的最有效方法之一是确保对其进行正确管理。但这还不够。数据质量的其他方面远远超出治理本身。

▶ 数据质量

数据质量是衡量数据为业务目的所描述的现实世界现象的表现程度。数据质量的四个维度包括：准确、有效、及时和可访问。

我们很容易就能看到由于数据质量差而造成一些趣闻逸事。十年前，数据质量国际咨询公司总裁、领域专家拉里·英格利希（Larry English）在其著作《信息质量应用》（*Information Quality Applied*）中已经列出了122起公开的因数据质量不佳导致的企业失败案例。所涉企业的总成本为12 000亿美元。

　　再比如，英国天然气公司在2006年斥资3亿英镑对其计费系统进行大修，结果造成了数以千计的超额计费问题。这些系统可能堪称典范，但显然其中的数据并非如此。到2007年，该公司被投诉的次数是英国所有其他天然气和电力供应商总和的3倍。2007年，《每日镜报》（*Daily Mirror*）曾报道，总经理菲尔·本特利（Phil Bentley）把这一现象形容为"初期问题"，并表示那些问题已经被解决了。这远远不止是初期问题。2008年，由于客户抱怨其高昂的费用，这家公司注销了2亿英镑的账款，损失了1700万客户中的100万。据英国广播公司（BBC）2007年报道："能量监视插件显示：'在六个月的时间里，有15 456宗投诉是关于账单的，其中包括错误的电表读数和过期的账户信息。'"

　　这些是很庞大的数字，但这只是由于低数据质量而造成的损失的很小一部分。低质量数据所带来的实际影响是：在几乎所有的机构中，都会有少量的有价值的泄露，这些泄露可能会持续几个月，甚至几年。低质量数据，就意味着一个企业将错过潜在的增长机会。当企业发现机会并尝试利用时，它们将失望而归。

　　它的目标不在于提供适当的信息。它是运营、绩效和治理任务不可或缺的一部分。所以，数据旅程的下一步就是在每天的商业活动中主动地管理数据的质量。

低质量数据的风险

英国天然气公司的管理层曾表示，糟糕的数据质量会慢慢毒害企业。没有优质的数据，就无法做出上乘的决策（事实上，如果没有良好的数据在手，无论谁做出的决定都有可能会失败）。例如：营销部门不了解哪些客户不满意、哪些客户满意、谁还想增加订单，他们就无法通过劣质数据联系到准确的客户。

然而，劣质数据的风险远不止于此，甚至可能引发诉讼案，就像乐购案一样。我们在面对数据采集时碰到的问题，要明确应采取哪些措施来降低风险。经典例子如下。

《通用数据保护条例》合规性差

《通用数据保护条例》的某条原则规定："应采取一切合理措施，确保你持有的个人数据在任何事实方面均不正确或具有误导性。"实际上，即使数据正确，其也存在其他违反《通用数据保护条例》的风险。劣质数据意味着其可能有多个记录，例如，同一客户的记录。当该客户要求删除信息时，你可能删除的是该客户数据的一个实例或该数据的子集。

法定报告不力

受监管的行业需要不断报告其合规情况。如果数据质量很差，编制这些合规指标可能就需要很长时间，这会给企业带来巨大的成本，也会造成合规性问题，因为当企业不合规时无人知晓，被知晓时却为时已晚。更糟糕的是，由于数据不足，这些指标可能毫无意义。这对企业来说是一种风险（罚款、声誉受损甚至被起诉），甚至对客户来说也是一种风险。

项目无法交付

对企业和数据项目而言，未能实现投资回报都存在明显的风险：管理者们总是把责任归咎于数据分析或数据驱动的营销过程，而不是数据本身。例如，不管你的营销方案有多复杂，如果由于低劣的数据而导致目标受众是错误的，那么最终的效果将是令人失望的。即便这个项目取得了一些进展，结果可能也是你自己都不知道为什么项目会成功。

小规模群组

如果你的客户数据集有限，那该数据可能不均衡，而且也不太可能代表更大的客户群。但是我们还是使用它来做决定、发出警告，以及衡量进步，因为我们只有这些了。公司将会错失重大的趋势或者改变，而这些都是很难被测量的，这才是真正危险的地方。

复杂或不相关的绩效指标

企业被迫报告既不直观也不易于被编译的成功衡量标准，因此它可能会被误解。

高质量数据的好处

提高数据质量的首要步骤，就是要说服企业。这个目的很重要，也很有帮助。为了抓住观众的注意力，他们往往会讲述一个"恐怖故事"（我刚才说的就是其中之一），但一般不会告诉你该怎么做。我把数据质量描述为"阳"，代表阴阳二元性的阳面。我们可以把数据质量看作一种揭示数据潜力的创造性过程。英国天然气公司就是一个负面的案例。它激起了人们对数据质量问题的争论。

在这种情况下，数据质量恰好处于数据转换中将要实现的所有目标之间。劣质数据会制约每一个业务流程的有效性，而提高质量，每次都能打破这种制约。这种情况存在于与客户、供应商和公众的每一次互动中，并在每一次有关策略和商业计划的讨论中发挥着重要作用。

我们很容易就能看到这个过程是怎样失效的。你的同事也许对低质量的数据业绩习以为常：不协调的报告、影响力低的直销。举个例子：在最近的一份工作中，我注意到客户关系管理团队正在利用其电子邮件数据库获客，其提出的任何主张回报率都很低。我对客户数据质量进行分析后发现回复率很低：数据库中只有32%的客户数据包含电子邮件、帖子信息或短信细节——营销没有覆盖到其余的客户。通过清理数据，我们还可以联系到剩下的35%的客户。根据"接触到的4%的客户会接受提议"的经验，仅提高数据质量这一项带来的额外收入每年将达到400万英镑。

所以，只要我们把这一问题解决了，就一定会有一个好的结局。大多数人都不知道这是一个选项。你也许会发现，商业单位正在使出手里的招数，理所当然地认为，这样就是他们老板的最佳选择。你还会发现，每天使用数据的人都在反复哀叹数据质量之低劣，但很少有人提出质疑。这就需要一种文化上的转变，迫使人们改变现状，并为此做出项目分析论证。

我们还可以从"灾难预警"转向"发展潜能"来探讨在我们掌握了优质数据后,哪些是可以做到的、哪些是当前无法做到的。在数据和分析战略方面,我们还有许多可以讨论的地方。

- **提高创造效率**。高质量的数据有助于提高资源使用效率。
- **消除错误**。劣质数据会导致性能不佳,还会造成欺诈和资源分配不当。谁不想至少消除一部分持续存在的问题呢?
- **提升决策**。良好的数据质量有助于提升绩效管理、开展业务规划,是有效决策的基础。
- **更好的安全性**。高质量的数据不太可能导致违规披露或错误披露。
- **报告质量**。提供给管理层、审计师和监管机构的信息质量要更高。
- **链接和共享**。能否从数据中获得有用的见解取决于是否在数据源之间建立了联系,以及数据是否能被轻松共享。这可以在部门之间、不同子公司之间,以及与合作伙伴之间进行。
- **诚实评价**。我们做得有多好?无论是跨业务、跨部门还是跨时间,高质量的数据意味着更好、更一致的基准测试。
- **满足法律义务**。有了高质量的数据,遵守 2018 年英国《数据保护法》(*Data Protection Act*)、2000 年美国《信息自由法》(*Freedom of Information Act*)、1990 年英国《计算机滥用法》(*Computer Misuse Act*)和所有其他法规会更快速、更有可能实现自动化,成本也更低。
- **衡量性能**。业绩衡量标准更精确意味着我们可以在早期，迅速、有效地让企业重新走上正轨。

- **控制预算**。没有令人不快的意外，也没有更有效的调查超支情况。

有限的数据质量审计和修复是一场十分有效的快速胜利。然而，你也要回想一下速胜可能会分散战略目标注意力的警告。数据质量项目通常不属于这一类。其优势在于可以迅速获胜，自然而然地扩展为更具战略性的举措，例如，将相同的过程应用到另一个部门、另一个应用程序或另一个数据领域。

一个快速数据质量取胜的例子：我曾经为一个机构工作，机构下属业务部门专门生产一种老年人普遍使用的产品。市场部有一个客户邮件列表，但从来没有人对其质量进行过进一步调研。我们用几分钟对数据做了一个简单的测试后发现，20%的客户实际上已经死亡。已故客户的回复率非常低，我们每年向他们推销产品白白花了 3.5 万英镑。此外，这还可能会给他们的家人造成困扰。

从这一实例中，我们可以看到，一点一滴的累积所带来的影响是立竿见影的。它为我们开启了一扇通向更具战略性和更具野心的项目之门。不过，他们的手段却是大同小异的。

你不需要盯着数据看很长时间就会反应过来，大多数数据看起来都一样优质。

有一些迹象清楚地表明，你的数据质量不高（例如，数据中存在很大的空白）。你可以试着用数据来完成一些基本却有用的事情。如果数据质量太差，那么你就不能着手去做，或者你已经失败了。这样做可以使你更清楚地知道"成功"意味着什么，从而开始谈论高品质的话题。

如果没有统一的过程或标准程序就不能轻松又有效地保

障数据质量。每个业务单元信息需求不同，质量标准也略有不同。尽管需求不同，但是接收高质量数据的标准没有变化。我们先来考虑一下数据质量的四个原则。

衡量数据质量的四项原则

我喜欢关注与业务最相关的衡量数据质量的四项原则，如图 8-1 所示。

图 8-1　衡量数据质量的四项原则

数据可用性

- 如何去做。将相关的数据和信息通过在线信息系统尽快提供给用户，使用简单的定义来呈现。
- 实际考虑。管理者更乐于传播好消息，隐藏坏消息。这一点可以理解，但对企业发展十分不利。在这种情况下，数据既包含消极数据又包含积极数据。

有了数据目录，任何人都可以在数据仓库中找到和使用可用数据。

数据及时性

- 说明什么。数据应尽快被捕获，并且能够快速、频繁地被提供，以支持有效的绩效管理。
- 如何去做。可以通过简化流程、消除重建、集成捕获数据的流程和报告数据的流程来实现这一点。
- 实际考虑。及时性和速度不是一回事。一些数据，如应急反应数据，要求被快速捕捉。但是另一些程序的速度要慢得多。在做决定的时候，精确度要比速度更为重要。

客户上网浏览假期旅游地，看上去要马上动身去其他地方了，这时候就是用折扣或优惠来刺激他们立刻预订的好时候。如果花费过多的时间来计算打折，那么用户将会转向其他竞争者。数据的时效性是非常重要的，在第九章中我们将对此进行更多的探讨。

数的准确性

- 说明什么。要确保数据正确，适度精确以达预期，并清楚地呈现一定的细节。为了实现这一点，理想情况下应该尊重"收集一次，使用多次"的原则。多次使用还需要考虑数据不仅仅为了满足手头的任务，还要在下游使用。
- 如何去做。如果所获得的数据离服务交付点愈近，数据的准确性就愈精确。研究表明，一致性的数据更能反映出数据的真正产生过程，从而提高决策的信心。
- 实际考虑。数据使用的重要程度与其所需的费用和工作量必须加以权衡。举个例子：如果你想要迅速地搜集数据，那么在选择方法的时候，你就必须在精确度上作出权衡。当公司内部人员了解了这些折中方案后，他们对精度的要求就不高了。

客户年龄对一些企业来说是非常重要的（如 18 岁或以上），因此要将这些数据与出生日期一起存储，以确保其准确性。

数据的有效性

- 说明什么。一些数据需要合规，或要达到内部的标准或定义，才能被存档并汇报。
- 如何去做。其中大部分将直接来自数据治理策略。数据质量与管理并存。你要知道为什么要收集这些资料，并能按照一系列的规则和要求来收集资料。
- 实际考虑。对于如何收集或获取相同的数据，不同的部门或办公室可能有不同的想法。捕获数据或信息时，重点还是要捕获获取数据的方式，例如方法、文档、报告、网站或系统。

请使用正确的格式填写邮政编码。有时候用来捕捉地址的表格会令人感到有些混乱，国家和城镇在邮编字段中出现频率过于频繁，让人吃惊。许多公司会使用智能查找字段来捕获有效数据。

处理数据质量的策略

在整个流程中，解决企业数据质量问题的最终步骤是发展策略。捕捉和区分哪个数据会随环境的改变而改变要有策略。地理位置不同，公司内部的业务也不一样，大家的观点可能也会相左。所以，当一个小组在各个地点进行数据收集时，即便是对收集和录入数据的人员来说，他们也需要建立一套能够保证数据质量的制度（检查、验证字段、自动化、再设计调查）。这对于下游流程的另外一个时期来说也是非常重要的。

比如，一个销售小组也许会觉得在这一点上只要捕捉到需要的销售数据就行了。但是，市场营销、售后服务、合规或分析等方面的需求比销售时的需求更多。对于销售人员来说，只有在销售阶段才能得到这样的数据。

任何过程所能实现的目标都是有限的。第一，我们拒绝了每一次和客户见面的冲动。特别是在"完成交易"的压力下，我们都想尽量搜集更多的用户信息（至少对于数据工作者而言）。这样的痛苦会使参与数据采集的人变得非常烦人，从而造成字段被遗漏、重复的回答以及质量较差的数据。

监管也可能会限制我们可以捕获的东西。简而言之，《通用数据保护条例》规定，数据只能在适当的时候被收集和储存。在世界的某些地方，监管层面允许收集数据，但当地文化会认为这种做法欠妥。在发展策略时，你应该把这些局限性和可达到的目标都考虑进去。要想发展策略，或者进行更多规划，你需要和团队事先商定、达成共识，并进行充分沟通。不然的话，你将为自己定下无法达到的目标——成本太高、耗时太长，甚至会树敌无数。

数据的质量关乎大家。数据质量团队应该与企业中的每个人合作。团队可以帮助他们、教育他们，有时甚至可以监督他们，但无法为他们创建符合质量标准的数据。除非整个企业都了解准确数据的重要性，否则你将无法实现目标，企业将继续表现不佳。

你在策略中务必创建一个基线和一个目标：现在在哪里，想去哪里。我们不仅要立志改进，还需要衡量质量。

任务：设定基线和目标

在采取切实的措施改善数据之前，你先要测量数据的品质。因为有许多工作要做，以改进日常所用的数据质量，所以没有必要把注意力集中在每一项数据上。你要将注意力集中在重要的数据项上。当它达到了你所制定的质量目标后，你就要尽力改进其他与客户有关的数据。

举个例子，如果你谈论的是客户数据，那就是姓名、地址、电子邮件地址和电话号码。这些数据将被专门用来标识每一个客户。客户数据可以轻松区分优质数据和劣质数据，例如通过检查格式、一致性、数据中的漏洞或将其与易于获得的外部资源（如商业地址数据库）进行比较。图8-2给出了一些具有挑战性的例子。

最好的方案一般是修复基本数据。在这些关键数据达到合适的质量水平之前，我们不知道客户是谁、在哪里、如何联系这样的话，创建有关客户的新数据，无异于在沙子上建房子，毫无牢固根基可言。

▶ **如何测量：提高数据质量**

一旦有了基线，我们就可以将数据质量看作一

称呼		手机号码	
经理		N/A	
教授		Unknown	
研究员		07985242290	
女王		07716 863335	
小姐		0790 583 0635	
先生		07968-767008	
女士		+447833457070	
姓	标题输入错误、名字不标准、姓氏不正确，所有这些都阻止了信件和电子邮件的自动化，并导致名称重复、"未找到"等错误。	7825577622	填充移动电话英国标准 11/10 位格式，包括空格、连字符、括号和 +44 前缀。 这些错误会阻止自动拨号工具的使用。
Smith			
K.T.			
M.Atrta			
John Paul			
J			
James & Julie		电子邮件	
昵称		master44.msn.com	
Pickford999		4mshan@hotmial.co.uk	
6cmp		+reva25b@icloud.com	
Mo0rrissey		JWBROWN45@GMAIL.COM	
Vmbgopst2			电子邮件中包含超出有效范围的特殊字符，例如下划线、连字符、+、无 @ 符号、切换字符顺序。这些问题会造成电子邮件无法使用。
Test224			
地址和邮政编码			
NN1 4QT,5			
NN1 4PW, 46			
NN1 4LU,25	由于格式不正确和字符无效，邮政编码无法使用。	出生日期	年龄
NN1 4LQ,9		2006-07-06	16
NN1 4LJ,51		1901-25-01	121
NN1 4JS,106		2006-01-25	错误！
NN1 2HS,218			
NN1 2HL,			
家庭电话号码			
(02392)646046			
(01241)411132			
(01902)561 605	由于格式不正确和字符无效，电话号码无法使用。		存在月和日的转换问题、年龄超出可行范围的问题、客户过世后信息仍被存储在数据库中的问题。
0181 998 7454			
+447466771054			
0151-4244331			
01922-443-598			
这些示例是匿名的，但来自真实数据库。 这就是你无法从数据中获得更多价值的原因。			

图 8-2　一些具有挑战性的例子

架梯子，并将改善过程视为一种攀登阶梯的方法。在表 8-1 中，我用 1~3 分对数据的四个维度进行了分类。如果得分为 3，数据质量就较高。如果得分为 1，数据质量就偏低。你可以使用用于企业观察、轻松沟通的术语来解读表 8-1。表 8-1 还有助于你进行比较，例如找到企业中问题最严重的部分。你可以照着表 8-1 练习，但要把它与你的商业目标和具体问题对应起来（例如，提高营销活动的响应率）。你要尽量精确，并采用具体的质量测试。例如，"快速报告"就不能作为一个合格或不合格的尺度。但是，将财务报告期限从目前的一个月缩短为一周，不失为一个有效的测量办法，也是一个切实可行的目标。

利用表格可以暴露需要重点改进的部分，你还可以深入了解企业捕获此数据的方式哪里出了问题。

表 8-1 没有什么神圣之处，你按需取用即可。检验其是否有意义的方法是，该定义对经常与数据打交道的人来说是否是说得通的。企业中的每个人都知道：

- 当前分数是多少，如何打分。
- 这个分数是怎么对他们的工作方式产生负面影响的。
- 这个分数对其同事和企业的影响。
- 他们必须采取什么行动才能达到新的水平。
- 怎样才能提高他们的工作效率，并造福于他们身边的人。

你的数据质量团队可以参考以下项目示例，实现数据质量改进，学会如何衡量数据。

表 8-1 数据质量的四个维度

质量得分	准确性	有效性	及时性	可用性
3	·数据准确度足以满足所有用户的需求。 ·任何报告的变化都在所报告的数据集统计置信区间内。	·根据特定的计算规则或定义,一致且准确地记录和报告数据。 ·在可用的情况下捕获元数据。 ·这些数据被用户认可为衡量成功的标准。	·数据可以快速且频繁地被获得,以允许一线员工/管理层快速干预或采取纠正措施。	·用户可以近乎实时地在线访问数据。 ·使用易于理解的定义或描述呈现数据。 ·如果利益相关者想要找到利用数据的新方法,那么数据是可用、可访问的。
2	·数据足以满足关键用户的需求。 ·仍然存在需要解决的数据差距或统计可行性领域的问题。	·数据是在一个特定的主题下被报告的,但没有关于其定义或计算的正式指导。	·数据迅速生成,使管理层能够及时对问题做出反应。 ·延迟有时会降低数据的有用性。	·一些利益相关者可以直接访问数据,但其他许多利益相关者会遇到阻碍访问问题。 ·数据呈现的格式通常需要分析才能理解改进。 ·在数据团队的支持下,公司中的大多数人都能理解定义。
1	·数据不准确或自己为人知。 ·公司或其合作伙伴不信任这些数据决策依据。 ·这些数据在会议中被忽略或未被使用。	·没有关于数据定义或计算的正式指南。 ·不使用比较信息或很少引用来源。 ·利益相关者不重视数据。	·数据发布得太晚了,除了回顾实际发生的事情,没有任何用处。	·在正式报告期以外很难/不可能获得数据。 ·数据有复杂的定义。 ·利益相关者无法理解数据如何与改进或交付目标相关联。

154

任务：搭建数据质量团队

谁来做这件事？首席数据官的职责是引导对话、设定目标。首先，他会与一般的数据团队进行交流，这样一来他就会得到企业领导者的认可。其次，他会在全公司范围内展开谈话，这样他就能知道变革即将到来。

商业人士要明白自己的职责、他们对于项目的成功有多重要，以及要采取什么样的措施。你也需要这样的小组。（如果不能准确、有效、及时和无障碍地汇报其取得的成果，那么这个项目的数据质量就会很差。）

选择一个数据质量负责人

不管是提高、改进、扩展还是增加，他都知道如何利用企业持有数据获得最佳效果。这个角色注重细节，会把注意力集中在我们能从中有所得的数据上。数据质量负责人需要了解你的业务流程、如何深入挖掘你发现的数据问题，以及如何与企业上下沟通。数据质量负责人将负责报告哪些项目正在运行及其运行情况；在数据团队的帮助下，其他业务部门也能提升质量和及时性。数据质量负责人应该直接向首席数据官汇报。

创建一个数据质量改进团队

数据质量改进团队负责确认破坏数据质量的具体问题，并提取和分析数据质量的统计数据。在这里，"改进"一字至关重要。只有对数据库进行更深层次的挖掘，才能找出潜在的问题。对于喜欢这部作品的人来说，这是一个有趣的"侦探"

故事，它为读者提供了许多线索。我们可以通过运行临时查询来学习业务需要的信息，了解哪些信息将得到反馈、哪些信息不能得到。

举个例子，你可以研究一下存储呼叫中心可能使用的电话号码的数据。你也许会发现，在这些资料里，储存着比实际数目多得多的电话号码，但是它们的格式并不统一。团队需要标准化的电话号码，这样他们就可以使用同样的空格、一致的拨号编码，并且不会因字母或句点问题无法统一操作。这种工作通常不难，但效率很高。

> ▶ **数据质量领导者**
>
> 数据质量领导者是数据团队中负责分析业务数据、评估其质量并就如何改进提出建议的人员。这一角色涉及技术改进（例如，删除重复项）和流程改进（例如，改进获取和输入数据的方式）。领导者还要汇报提高质量的情况。

你的数据质量团队需要在庞大的 SQL（结构化查询语言）查询与报表撰写之间取得平衡，并且每月或每季度向数据执行人员汇报资料数据质量改善的进度。

对于数据治理，处理质量问题将会是一项正在进行的工作，并且在数据转化的每一步都会有回报。因此，我们可以在数据传输过程中，对数据质量进行不同的处理。在图 8-3 中，我画出了一个我认为是真实的成熟度模式。它可以用来测量各个领域的进度。

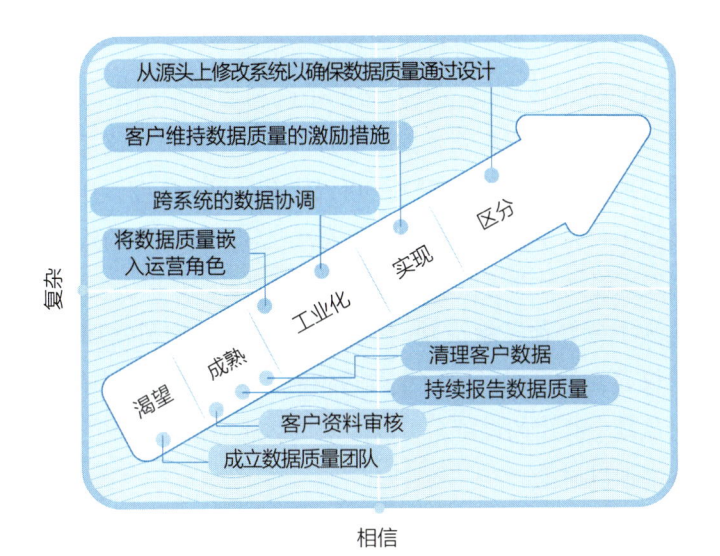

图 8-3 数据质量成熟度模型

任务：短期提高数据质量

这并不是一个规律。面临一些特定的环境（比如监管、刑事责任或者安全问题）时，企业就数据质量问题做出反应会比以前更加迅速。我们可以将该成熟度模型视为基准。如果你落后于成熟度曲线，那么它将限制你，让你无法实现每一阶段的改进需求。

既然你已经拥有了一支队伍，那么你的首要任务就是给队伍的素质打分。

内部数据质量审核

你可以把数据库存看作一种资产，要么使用表 8-1 中定义的特定指标，要么自行改进数据质量。

这些数据很重要，因为它们是盈利的驱动因素。改进数据质量可以使现有业务流程迅速获得更好的回报。这是衡量项目是否成功的一种简单方法，可以提升项目关注度，让改善数据质量不再是个苦差事，让你更有底气守护好手中的资源，对我们发现提高数据质量或激励数据质量倡议的好想法大有帮助。

为了更好地了解成功与失败的不同，我们只需用一张简易的仪表盘就可以了解质量改进情况，参见图 8-2 中的例子。仪表盘是个有用的设备，可以用来传达成功信息，我们将在第十章中加以讨论。

为仪表盘选择几个最重要的衡量标准：例如，不完整记录的百分比。随着进程的进行，衡量标准将持续改进。与数据执行人员和数据使用人员共享这些数据说明数据说审核正在取得进展。为数据字段设置一个简单的红绿灯措施就十分合适，例如，红色表示数据正确率低于 40% 的字段，黄色表示正确率为 40% 到 70%，绿色表示正确率大于 70%。在设定目标时，重要的是要让目标有一定的难度又切实可行。

外部数据质量审计

从外部供应商那里获得数据审计将是一笔较大的投资，但效果会非常有效。如果顾客没有回复你，那是因为他们不在原来的地址，还是他们已经过世了？外界的数据可以帮你解答这个问题。

数据清理

在这一章之前我们已经说过了，这个方法很简单。但是在我看来，它确实很有威力。移除那些显而易见的输入错误或者是剪切和粘贴的错误（手机号码后加一个逗号），既省时又可以创造即时价值。这就是为了使数据更加"干净"的基础数据维护方式。短短几天的努力，效果是显而易见的。

通过与客户的接触，可以极大地提高数据质量。有了这样的权限，再加上准确的地址或者电话，我们就能收到一封电邮，或许还能了解到客户想要的联络方式或是其他相关细节偏好。这是一个坚持不懈的战略任务。设想这样一种情况：你已经和一位忠诚的顾客联络了多年，但是你给他提供的只是一款不恰当的商品，而且名字还拼错了。但他们没有太在意，因为你平时确实和他们保持着良好的关系。

任务：长期提高数据质量

一方面及时解决数据的质量问题，另一方面企业也会持续不断地创建新数据。导致数据质量不佳的一个最重要原因是创建数据的过程质量也很差。

这里有两大类来描述成熟度模型的右侧。请注意，这是以信任为前提的。也就是说，我们会授权员工和工作人员成为数据质量的保管人。为了做到这一点，我们更应该帮助他们学会自助保管。

员工（或客户）没有得到充分的激励或培训

假设其中一组首先（比如在零售地点）创建或捕获了数据，他们可能不知道这些数据如何在下游使用，也不知道为什么要填写表格。没有人向他们解释，从当下起的 6 个月后，某个他们从未见过的人将利用这些数据改进配送路线或改变定价。这不仅可以帮助客户、提高利润，还会让员工的工作更轻松。

改善数据质量很少会正式成为某人工作内容的一部分，也很少被认为是一项成就。比如有人通过电话捕获了客户的电话号码或（更复杂的）电子邮件地址，这个过程他们没有直接动力去把事情做好。

我发现员工经常被分配更多数据捕获任务，而没有得到任何解释。这个过程可能很复杂。如果不小心，就很容易出错。缺乏沟通或欣赏意味着企业只是捕获了更多质量较差的数据。管理人员兴高采烈，认为他们正在为企业做一件好事。如果数据质量较差，那么情况可能正好相反。

这可不是单纯的完成任务那么简单。树立大局意识，增强沟通理解，这两点在今后的任何活动中都是至关重要的。比如，机器学习与人工智能都是基于已有的资料来训练它们，而这些资料的品质又决定了它们的成败。不过，要想让企业从好的数据成果中获益，就必须建立一个更加完美的过程，以降低关键升级及其他类似的错误。如果不能直接做到这一点，那就无法说明这是如何产生净效益的。高质量的数据采购流程比人活得都长久，将成为企业发展的永久动力。我们将在本书后面，特别是讨论自动化时，讨论如何实现其中的一些增长目标。

数据是手动创建的，难免会有错误

你持有的数据通常会因从表单或电话中重新输入而降级。你可能不会遇到像德意志银行（Deutsche Bank）那样的数据错误。德意志银行在 2018 年出人意料地把 350 亿美元转入了外界账户。关键的问题在于，他们当时并没有意识到这一点。你可以采取一些简单的修复措施：输入时进行更多数据验证，使用邮政编码查找地址，等等。你还可以将更多内容推送给客户：如果他们有动机输入自己的数据，那么他们可能会谨慎行事（如果你只是简单地给他们安排工作，没有奖励，就可能会出现相反的情况）。

总结

- 糟糕的数据质量可能是由于治理不善造成的，但是仅靠改进治理是不够的。它也需要自己的方案。
- 低质量数据的成本可能并不明显，但它们确实存在。业绩不佳和风险升高导致了低质量的数据成本。你可以用廉价的、快捷的项目，尤其是市场营销，来说明前者。
- 如果想要得到更多的关注和预算，最有效的办法就是把高质量数据卖出去，这样就可以获得一些正面的好处。高质量数据可以达到当前无法达到的效果。
- 数据质量有四项原则：可用性、及时性、准确性和有效性。这四个领域的基准都要被衡量，并且应用特定的里程碑和仪表板来衡量改善它们。
- 短期修复措施可以清理现有数据；长期改善则需要改变数据采集流程和激励措施。

第九章
CHAPTER 9

单一客户视图

高质量的数据可以让你对每一位客户有更多的认识，对客户行为有一个大致的了解。如果能为客户创建一个单独的视图，那就会让你如虎添翼。这个视图效果十分卓越，它将产生变革性创收，大大降低风险，提高客户满意度。它使数据小组成为商业的前沿和核心、数据科技的一个重要基础。

关键概念
- 单一客户视图
- 数据模型
- 黄金 ID
- 单一供应商视图
- 单一员工视图
- 单一产品视图
- 数据架构

概述

无论做什么生意，客户永远是第一位的。客户是企业生存的根本。掌握准确的客户资料很重要。对大部分公司来说，最大的挑战就是客户资料被分散在各个系统中。每个系统都有自己独特的客户视图。将这些视图放在一起，你会发现数据中的不一致、受损的业务流程。这导致我们错过大量的机会，客户体验也非常糟糕。值得一提的是，组织的不同部门对单一客户视图有着不同的看法。营销部门将其视为跨渠道向客户提供一致信息的一种方式；数据科学将其视为构建准确模型的关键推动力；风险和合规将其视为降低和管理风险的一种方式。危险在于所有利益相关者都有自己的看法，但他们只是利益相关者。单一客户视图需要满足整个组织的需求，重要的是要满足客户自己的需求。

2020 年，新冠疫情迫使企业重新思考如何与客户打交道。许多人很高兴地发现，客户很快学会了如何使用聊天机器人或自助服务等技术，并从线下购物转向线上购物。全渠道交流模式建立后，企业没有将这些沟通方式结合在一起，从而让所有客户沟通都能拥有 360 度的客户视图。如果企业在客户还没有做好充分准备的时候，就把他们转向数字化渠道，这样就会产生适得其反的效果，引发"回旋镖效应"[1]，即客户（带着投诉）会为了解决一个问题而多次回到公司。对于这些客户来说，每次查询的成本实际上已经上升了。

不出所料，问题往往在于渠道之间缺乏整合。客户发现业务的不同部分有不同的信息。其中一些是因为这些服务是全新的或实验性的。但这在很大程度上是由于不同系统在不同时间捕获的数据不一致造成的。

---

[1] 指个体所作所为的结果反而使其受到损害的效应。——译者注

2020 年，美国商业资讯公司开展的一项关于客户体验与业务增长之间相关性的调查得出以下结论：

● 与两年前相比，85% 的受访企业拥有更多的用户信息；然而，只有不到三分之一（29%）的人对数据质量持有较高的信心。

● 在接受调查的公司中，只有约一半（51%）公司可以利用这些数据来进行个性化和定制交互，不到一半（46%）的公司实时协调行动。

● 受访决策者表示，要实现良好的客户体验，最大挑战在于存在内部孤岛（38%）。

● 仅有 57% 的高管赞同将客户体验预算分摊到各个部门，从而创建一个更为综合的客户体验计划。

所有这些观点都提倡开发单一客户视图，为整个组织的需求服务。我们都遇到过各种各样的机构，无论是零售商、公用事业、银行还是政府机构，在那里办事都会有信息不够充分造成的不快：接线员一遍又一遍地询问我们同样的问题，或者告知其他部门正在处理这件事。事实上，在公司里，我们也是这样对待自己的客户的。没有任何借口。为每一位与我们打交道的人创建一份统一的记录，这是送给客户和首席执行官的最棒的礼物之一。

什么是单一客户视图？

这一节是本章的重点，我们再来重申一遍第一章中对单一客户视图的定义。

▶ **单一客户视图**

从不同的数据源收集数据,为每个客户形成的单一、准确、最新的记录。这也被称为"360度客户视图"。

单一客户视图不是一个单一个体,它由不同元素组合而成。图 9-1 详细地概述了这一概念,展示了其中包含的元素。

客户数据来源

客户数据来源多种多样。每种产品、服务、区域、品牌都有各自的体系,这是很平常的事。系统的不合理化使得它的数目成倍地增加。数据的获取成了一个问题。这一切都会包括一部分客户的数据。我们要整合好客户的联络资料——特征、喜好、购物记录、发票、投诉、访问网站/店铺的时间、最喜爱的产品、曾经使用过的品牌和渠道、联系方式,以及对提供优惠的接受程度。这听起来确实很复杂。这也是我们将面临的最艰巨的挑战之一。

单一客户视图数据模型

我们需要建立一种能够帮助我们获取各利益相关方对其数据要求的数据模型(参见以下定义)。一开始,我们可以像开一个研讨会一样,让所有的参与者都参与进来,然后给每个人讲解这个模式的意义,以及它的重要性,因为他们可能从未遇到过。你要试着不限于现在的需要,要把所有人将来的需要都考虑进去。研讨会上,我们将用到商务用语,这里会有技术

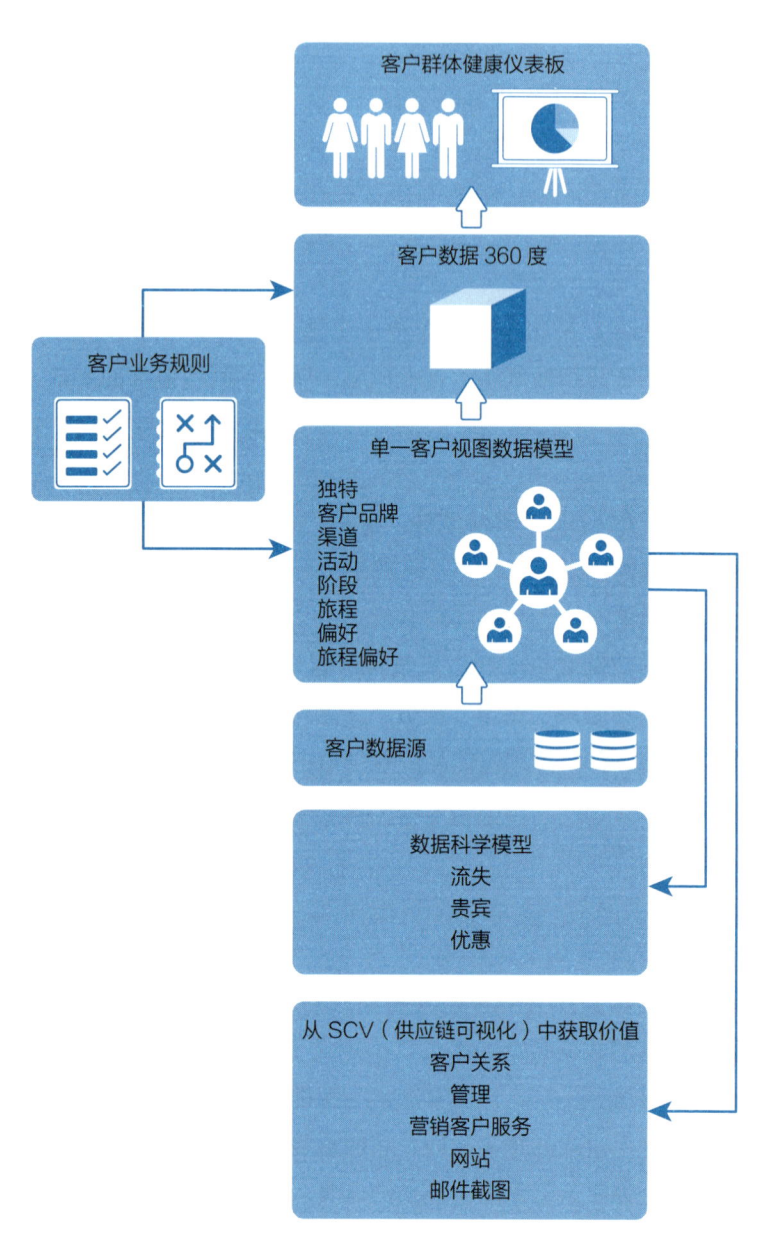

图 9-1 单一客户视图概述

性的翻译，因此不要过于担心。你要尽可能多地捕捉信息。这个模型是为将来的扩充而设计的。这个研讨会的一大意义就是要找出各部门的不同观点，然后着手解决问题。如果我们不能解决这一问题，人们将无法在数据被传递的时候获得信任。这一进程有助于增进彼此的了解与信任，有助于业务人员更好地处理数据难题。

我们也要为客户着想。我们要建立起一种强大的观念。我们需要一些人（比如数据隐私权官员、合规团队，以及我们的数据伦理团队）来为他们辩护，以保证我们能在道德的框架下利用他们的数据。必要时，我们会取得他们的授权来储存资料。如果我们手上有两组关于他们的数据资料时，我们会验证哪一组是正确的。我们在第四章中谈到了这一点。

▶ 数据模型

数据模型是组织中数据的可视化和设计，显示了企业组件和其中的数据元素、这些数据元素之间的关系以及数据的格式和属性。

客户数据库

它是一种数据仓库，保存了从数据来源获取的数据，其结构和数据模式一样。它将实时数据、快照数据（例如日终、月末）与相对静止的数据（例如客户姓名、地址）相结合，对历史数据进行了备份，以便于了解其变动情况。其应用价值日益凸显。这里要提醒大家：我们创造的内容对于我们的生意非常有价值，但是对于那些试图从我们的客户身上窃取信息的人，也具有很大的价值。我们会在后面的第十一章讲到风险管理。创建数据模型时，我们很可能已经确定了想要但目前还没有的数据。这是一个积极的信号，我们必须相应地有所行动。模型保持着理想的数据状态，但是，我们也需要集中精力寻找缺失的数据。

创建单一客户视图会带来一个"问题"：合并客户记录时，看起来你的客户总数似乎减少了。原因在于，之前我们可能已经计算了系统 A 中的客户数量，并将其与系统 B 中的客户数量相加，从而得到了客户总数。单一客户视图会为每个客户提供了一个身份标识（黄金身份标识），这使"唯一"合理化的客户总数。这是一个好消息。麦肯锡公司于 2019 年发表的一篇研究文章称："许多公司都希望通过减少实时联系人节省 40% 以上的费用。然而，采用这种方法的公司往往会发现他们的客户互动并没有减少，反而增加了。"

> ▶ 黄金 ID
>
> 黄金 ID 是指单一客户视图中标识客户的字段。它是通过将客户记录拼接在一起而创建的。客户可以在从其他数据库转过来的数据中拥有其他标识符，但这些标识符必须唯一地链接到黄金 ID。黄金 ID 可以避免创建重复的记录。

客户业务规则

客户的组织结构和层级通常比我们希望得要复杂。想象一下一个商业客户，他们的多个品牌、分支机构和不同职责的员工与我们进行交互。从定价的角度来看，他们希望在全公司范围内进行集体打折，但也许每个地区都有自己的不同货币的结算系统，也许我们的销售联系人是根据产品来与人交流的。这一切都必须和商业准则相关联，从而使我们和客户都能从中受益。

客户群健康仪表盘

单一客户视图是不可见的。它是一组位于存储库中的数据集合。虽然我们采用了一种数据模型，但眼见为实。我建议使用仪表盘。仪表盘除了展示客户的单一视图外，什么也不用做。这样你就可以按产品、历史、地区、品牌、性别、细分市场等规定的方式查看了。一旦创建了仪表盘，你就会发现它非常有用。突然之间，你可能会提出这样一个"臭名昭著"的问题：我们拥有多少客户？事实上，当你做年度报告、搭建网站或者向潜在客户那里索取信息时，你就会发现很多有价值的信息。那些都是有历史记载的。如果你把它们和历史结合起来，从长远来看，就会发现它们的价值不可估量。请参考第十章中的图 10-1 的单一客户视图仪表盘示例。它解释了本文中所讨论的一些内容。

数据科学模型

最有价值、最常见的数据科学模型是以客户为中心的。他们包含了一种模式，可以预测客户何时可能流失、如何进行交叉销售和向上销售。这些完全依赖于我们将在单一客户视图中构建起来的数据。这些模型都应该以单一客户视图的输出为基础。这并不是说，没有单一客户视图，我们就无法进行建模。只是构建这个模型所需要的数据工程将被重复，而且比单一客户视图更不可靠。如果已经有了这些模型，那么就应该考虑把它们迁移到单一客户视图。这样它们就可以被公司的其他部门共享了。单一客户视图还将为他们提供更丰富、更准确的数据集。

从单一客户视图中获得价值

单一客户视图的大部分价值将来自客户的日常运营活动，包括市场营销、销售（使用客户关系管理系统）、客户服务和网站。关键是要保证所有的解决方案都可以使用用户的最新版本。例如，作为一家银行的客户，我们想要通过一个网页，就可以在一处存取我们的账户资料。这是运作单一客户视图的最佳实践。事实上，并非每一家银行都能这样做，也没有几家能做的如此出色。从单一客户视图中获得价值的方法之一是，收集和合理化关键客户数据之后，确保它被传播回源系统，以便运营活动使用质量更好、更一致的数据。举例说明，我们会检查客户地址字段的日期，并确保将最新版本（只要它是经过验证的数据源）提供给所有其他系统，以方便客户在一个地方更改其地址。

简而言之，单一客户视图是一个成功的引擎，任何面向客户的企业都离不开它。

案例分析 | CASE

博彩公司的单一客户视图

挑战：多个品牌，重叠的客户群

2016年，一家博彩公司发展壮大，跨多个品牌多元化经营——有些线上，有些线下。因此，其客户有很多接触点：电子邮件、直邮、实时聊天、电话、在线表格、面对面交谈。客户希望公司了解他们全部的体验。但事实并非如此：不同的渠道由不同的团队管理，有着不同的优先级。在一个渠道有价值的客户，在另一个渠道可能没有价值。

分析：从数据质量中获益

在争取单一客户视图过程中，我们提交了一份数据质量改进计划。公司的一些业务中近 9% 的客户记录是重复的。在数字业务中，约三分之一的记录有不完整的客户数据。我们修复了其中的大量数据，帮助建立了单一客户视图并助其超额完成了目标。

行动：一个具有增量效果的黄金身份标识

该公司的单一客户视图将存储黄金身份标识、联系方式、品牌活动、客户活动、客户偏好、客户旅程阶段、细分和负责任的赌博数据。它是被分阶段构建的：

版本 0：清理无效账户。

版本 1：客户关系管理自动化、多渠道客户服务和关键指标。

版本 2：更广泛的指标、客户旅程映射和客户偏好。

结果：所有面向客户活动的强大驱动力

单一客户视图为客户仪表盘提供数据。这为数据科学家提供了分析客户流失、识别 VIP 客户以及潜在问题赌徒所需的高质量数据。对于其他业务来说，它是客户关系管理、市场营销和客户服务背后的引擎。

单一客户视图的好处

我们已经阐述了单一客户视图带来的一些好处。其好处不止于此，因为这是一个需要投资的领域。这些好处包含在你的商业案例中。其大致可分为两类：对客户的好处和对企业发展的好处，如图 9-2 所示。

对企业发展的好处

我们对客户了解得越多，交流越具关联性，客户就会越忠诚。借由以上数据，我们可以看根据他们购买产品的种类及购买频率，推荐互补性强的产品。我们能从客户的购物习惯中找出客户可能会流失的改变，并设法留住他们。沃茨（Wertz）在 2018 年曾表示，获取新客的成本是留住现有客户的 5 倍。这些都是非常重要的福利。总结一下，在第三章中，我提到了数据周期表，找到了 36 种通过数据赚取收入和减少费用的方式。这些方法中有很多都可以通过单一客户视图来实现。

对客户的好处

给客户带来的一些好处和给企业带来的好处是一样的，

业务规则将源系统数据匹配在一起，为每个客户创建一个配置文件……

使用的频道
使用的品牌
联系方式/偏好
活动（访问、频率、访问时间、喜欢的产品）
旅行

对企业有什么好处？		对客户有什么好处？	
保护我们的客户和声誉	降低流失风险	更大的保护	关于他们感兴趣的事物的个性化信息
提高客户忠诚度和拥护度	有价值的客户洞察力，用于保留、追加销售、交叉销售	更好的体验	无缝服务根据需要力所能及的服务
客户生命周期价值	更有效和个性化的客户沟通	更有可能在正确的时间获得正确的报价	更少的障碍

图9-2 单一客户视图的好处

单一客户视图使他们实现了双赢。最重要的一点是，它能给用户带来更好的体验。另外，我认为当我们维护了顾客的权益（以及数据），他们就会对我们产生更多的信任。当所有事情都聚焦于一点，并且保持一致时，我们做生意的壁垒就会变小。我再一次建议大家阅读第三章的数据周期表。

其他单一视图

单一的客户视角是至关重要的。构建单一客户视图后，你可以利用技能、体系结构和能力继续构建单个供应商视图、单个员工视图和单个产品视图。原理是一样的。好处也显而易见。在第十三章中我们将继续讨论。

单一供应商视图

一家公司的各部门与其供应商之间的合约各不相同。单一供应商视图可以帮助你回顾你的资金用在了哪些产品上，以及怎样通过供应商的合理安排来减少成本。借助单一供应商视图，你可以看到那些供货商的合同和发票，并确保只有符合条件的供货商才能处理发票。比如你从一个没有合同的供应商那里购买服务、获得产品发票时，单一供应商视图还可以帮你从中发现购买趋势，便于你进行预算管理，避免受欺诈。对同一个供应商的支出进行整合还有助于发现供应风险。采购和财务将显著受益于单一供应商视图——我再次建议你参考第三章中的数据周期表。

> ▶ **单一供应商视图**
>
> 从不同的数据源收集数据，然后进行匹配和合并，为每个供应商形成的单一、准确、最新的记录。这也被称为"360度供应商视图"。

单一员工视图

它将结合不同系统的数据，如工资、福利、费用、培训需求、绩效、疾病和假期，以及技能，提供一个 360 度的员工视图。根据我的经验，很少有人能把这些联系起来。单一员工视图确实能帮你在做出重大决定时，如晋升、调动、裁员等，更全面地了解员工。人力资源部门将从单一员工视图中获益良多。

> ▶ **单一员工视图**
>
> 从不同的数据源收集数据，然后进行匹配和合并，为每个员工形成的单一、准确、最新的记录。

单一产品视图

单一产品视图提供了一个包括销售、产品开发、定价、支持成本、客户反馈、竞争等内容的视图。如果你的公司以产品为基础，那么这是一个非常有价值的数据集。产品开发、运营和营销都将直接受益于单一产品视图。

> ▶ **单一产品视图**
>
> 从不同的数据源收集数据，然后进行匹配和合并，为每个产品形成的单一、准确、最新的记录。

如何构建单一客户视图？

创建单个客户视图的基础是数据治理、数据质量（参见本章开头美国商业资讯平台调查的第一个发现）以及将分发数据集聚集在一起所需的数据架构。将每个客户的所有信息汇集到一个单一的存储库交互中，这是一项较重要的技术任务。

数据治理

单一客户视图要求建立在数据治理的核心原理之上，要对数据进行精确的描述，并使其在企业内部保持一致性。设计单一客户视图时，首先要面对的问题就是不同的系统以及不同的商业部门在命名惯例、定义以及格式上的不一致。如果大家希望跨系统查看相同的客户收益，那么企业内的每一个系统都应支持不同的产品。这两种体系都有"收入"这一栏，但是当你看到这些数据的时候，你就会发现一个"收入"是按整个发票总额，而另外一个"收入"则是指扣除了信贷和折扣之后的总额。他们的用途各不相同，但是一定要把相同的东西进行对比。

数据质量

单一客户视图的数据必须满足我们在第八章中定义的数据质量的四项原则：可用性、及时性、准确性和有效性。比如，因为一些技术上的延误或者商业过程的原因，数据在一个星期后才能被使用，这就会造成很大的问题。如果一个电子邮件地址无效，那么即便我们可能为客户提供了最好的报价，也无法发送给他们。

数据架构

单一客户视图的体系架构由本章开头和图 9-1 中概述的组件组成。数据架构师的职责是确保所有这些组件协同工作并交付预期的结果。数据架构（见下文定义）本身就是一个完整的学科。在这一阶段，它的细节非常之多。首席数据架构师在任何数据组织中都是一个关键角色。

> ▶ 数据架构
>
> 数据架构是公司数据资产的逻辑和物理元素的设计，包括数据模型、规则、存储、集成、访问、可视化、性能和安全性，以及数据管理所需的工具，同时，也包括数据治理、隐私和质量。

集成

这将是数据团队所承担的最复杂的集成项目之一。这件事的挑战不容小觑。为了取得胜利，我们必须与 IT 部门密切合作，解决一些技术上的难题，例如，生产系统上的工作安排、不同的团队议程和优先级、测试过程和工作方式等。

影子数据是单一客户视图的大敌

我们在第一章提到了影子数据资源的问题。当部门或个人开始收集并存储自己的数据，而管理层或数据团队不知道的时候，就会出现影子数据。在一份工作中，我很开心地看到了我们的团队在一个单一客户视图项目中所取得的进步。该项目的主要目标之一是说服我们的零售客户成为数字客户。有一天，一位主管告诉我，他认为（完全正确地认为），我们依赖的一份特定报告在管理客户跨渠道转移方面存在错误。在调查中，我发现一个从事数字业务的团队一直在撰写自己的报告，而这些数字并不是来自我们的真实数据来源。我进一步调查后发现，市场上竟然存在一个完整的报告撰写的"影子行业"。

这完全违背了协调活动实施单一客户视图的一个团队的初衷。经进一步调查，使用人力资源系统查看整个组织中具有数据和分析角色和活动的人员后，我们发现整个组织中有40到50人具有影子数据角色（图9-3）。

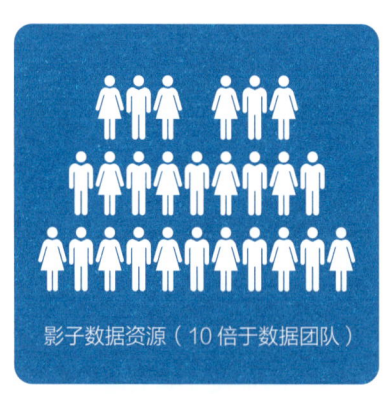

图 9-3　影子数据资源

他们的工作很大一部分，甚至可以说是全部，涉及数据的创建、管理和分析。这是一个非常庞大的影子：它的规模是中央数据团队的两倍。这些工作没有受到监督，虽然他们表面上遵循了我们的数据和分析策略，但他们错过了重点：一个真相。

我没有想到有那么多人采纳了这个策略，认为这是个好主意，继而受到启发，用它来做自己的事情。

那些跨业务团队在交付私人计划时，正在构建自己的数据集，这不仅仅需要员工成本还需要在能力方面进一步投资。在没有其他团队干扰的情况下，我们本可以更快、更便宜地完成工作。

影子数据资源一旦被创建出来，就很难被消除。在这种情况下，我们决定努力协调跨部门活动。

在"单一客户视图"这个短语中，最重要的词是"单一"。

单一客户视图所有权

我们在本章的开头讨论了单一客户视图需要服务于整个组织的需求。这是一点很重要。企业中许多部门都需要单一客户视图。我们还提到过，他们可能决定自己构建单一客户视图的各个方面——这是影子数据资源的最坏情况。尽早地确立自己的所有权，并区分所有权和赞助之间的区别是很重要的。区分拥有人与人之间的关系，这点很重要。如第七章所述，用户数据的所有者应当为工作提供支持，并且应当由数据小组来负责。说到底，这只是一个数据产品。

总结

- 通过对多个产品的支持，单一客户视图能够更迅速地找出问题，并为用户提供更好的、无缝的用户体验，从而创造出一种全新的数字化服务。这也表明，企业能准确地沟通，并能给客户提供明确的建议，对于制定更加精确的客户分类和个性化策略具有重要意义。
- 单一客户视图是向上销售和交叉销售的基础，这两者都是巨大的创收机会。
- 整合所有客户系统数据来提供一个单一客户视图，是一项艰巨的挑战。所有的企业都应该考虑尽早实现该系统的合理化。
- 在开展单一客户视图的项目时，首先要把重点放在核心业务上，其次进行更深层次的分析，例如为数据科学家提供更优质的数据。
- 对于单一客户视图项目的成功，信任与承诺是非常重要的。影子数据资源将会破坏信任，让项目收益变得很难。

第十章

CHAPTER 10

报告和仪表盘

决策过程需依赖数据驱动。通过提升数据报告的质量和构建数据可视化仪表盘，可以确保整个组织聚焦于统一的真实数据源。这一过程对于提高数据技能和促进文化转型的能力提出了新的要求。

> **关键概念**
> - 企业报告
> - 基于角色的报告
> - 企业仪表盘
> - 向下钻取
> - 认证报告（或仪表盘）

概述

首席执行官告诉我："问题在于，没有人相信数据。你能帮我解决这个问题吗？"

他向我解释，管理会议远非令人愉快，成果也难以言及。会议经常因为利益冲突而变得紧张，问题不在于针对策略的激烈辩论，而是关于哪份报告更为准确的争议。不论如何，最终都需要做出决策。在商业领域，我们必须接受决策依据的信息永远不会完整：不可能全知全能。基于这一前提，董事会做出错误决策的风险永远存在。然而，如果所依赖的信息本身就充满疑点，那么这种风险将大大增加。

▶ 业务报告

业务报告是指对数据进行分析，评估一个问题、一组情况或与企业绩效有关的业务目标。报告可能是定期的，也可能是为制定决策而产出的一次性报告。

这是一个普遍存在的问题。大多数企业都有一间制作不良报告的小作坊，绝大部分都不会有什么增值，通常被用来为那些还未发生的事寻找借口，而不是建议我们应该做些什么来创造更好的结果。

在启动数据治理和数据质量项目时，报告质量差很可能是你诊断的问题之一，改善这一问题则成为主要目标之一。报告内容不一致是对资源的浪费。管理者会容忍不良或不一致的报告也是有原因的。

自私自利的管理者，或多或少都是自私自利的人，会本能地偏爱以最佳方式来呈现他们的报告。报告中的数字质量低下、不透明或不准确，是次要考虑的因素。我并没有说他们有意说谎，他们只是利用了100个关于数据应当被捕捉和不应当被捕捉的决策。

但是，如果该报告旨在为决策提供信息，那么假设没有一致的数据质量和数据治理，我在本章开头提到的首席执行官将一事无成。

改善数据质量和治理的最大的好处之一是，我们可以使用报告及其实时的、向下钻取的对应工具——仪表盘，自信地共享数据，为日常决策提供信息。既然我们已经开展了关于数据质量和治理方面的工作，那么是时候实现这一目标了。

任务：报告审核

第一项任务是发现问题的规模和范围，这表示要彻底调查报告的编制和使用方式。

它们是如何制作的？

要达到首席执行官的需求，第一步就是要理解哪些报表最重要。我采访了所有主要利益相关者，包括最高管理层。通常情况下，使用数据的最高级人员可能都不知道香肠是怎么制作的，因此，向负责部门、职能、地区和国家的人提出一些尖锐的问题就至关重要。

家庭手工业有多大？

我独立地检查了所有由系统产生的报表，并把它们分发到各个机构。这是一项艰巨的审计任务，但不能急于求成：它非常有价值，而且非常令人惊讶。在这种情况下，我惊讶地发现整个机构使用了 500 多份报告。雄心勃勃的经理们也开始创建仪表盘。

评估报告质量

任何报告都有 5 个价值级别。如果第 1 级和第 2 级不合适，那么就不要再继续测量第3级到第5级了。你可以为这5个级别中的每一个设置具体的里程碑和目标，我鼓励你这样做。记分卡可帮助你在处理过程中对现有或新出现的报告进行健康状况评估。

> ▶ **如何衡量报告质量？**
>
> 1. 数据的质量和来源。回想一下：数据是否准确、有效和及时，是否所有相关数据都被提供给了报告制作方。
>
> 2. 明确定义。定义是否一致？数据是否从以相同方式处理数据的系统编译而来？是否所有报告都是一样的？
>
> 3. 数据呈现的透明度。该报告是否明确说明了统计数据是如何编制的、来自哪些来源以及数据的及时性？
>
> 4. 数据的洞察力和故事。报告是否提出了与企业战略或会议需求相关的最佳问题？所用数据是否利于回答这些问题，而不是制造噪声分散注意力？
>
> 5. 行动建议。是否清楚哪些选项是可能的？该分析暗示了哪些决策，以及这些决策的结果是什么？

> ▶ **基于角色的报告**
>
> 规定内部报告是只有在对组织中的某项任务或角色产生影响时才可进行的规则。报告主要是前瞻性的，与具体的挑战相一致，只包含与关键绩效指

标相关的数据，并会明确说明进展或决策方案。

案例分析 | CASE

基于角色的报告

挑战："没人会信任数据"

企业里充斥着大量的报表，这些报表已经被建立了，但是却没有被利用。管理人员对不一致的报告的真实性存有质疑。高级管理人员不太相信报表，也不懂得怎样利用报表来做决策。一项审计发现，这家企业有500多份定期报告。

分析：缺乏共识

在这种情况下，所找到的问题同样具有普遍性和根本性。人们并不了解这些数据是怎么回事。之所以会出现这样的问题，是因为他们觉得自己知道的比他们实际上知道的要多，而且数据点在 PPT 幻灯片上看起来也是同样的令人信服。这就是邓宁-克鲁格效应 2 的一个例子，说明了我们在很多时候都没有意识到我们有多无知。心理学家大卫·邓宁认为，这一效应具有普遍性。邓宁-克鲁格效应尤其适用于管理者（据此推断也适用于首席数据官们），这是由于我们直觉上相信自己对掌握的特定领域知识比实际更广泛，因此不可能对其进行更深层次的研究。所以管理者通常都以为他们了解报告中数据的质量和来源，因为数据来自他们的部门。实际上，他们对自己部门数据的治理和质量知之甚少。在启动该项目的案例中，有两个相互竞争的报告。销售部门决定从他们部门使用的客户关系管理系统中获取主要收入数字。其竞争对手使用了从财务系统中提取的数字，其收入的定义与之完全不同（见上文报告质量列表的第3级）。

销售数字没有使用贷方票据、折扣、货币兑换和付款失败（以上第1级和第2级）。因为每笔交易的价格都是不同的，你不能只是把销售数字按百分比折现来调和两者。销售部门也紧盯着数字：实际上他们的奖金也和这个数字挂钩。

对500份报告的审计表明，许多报告内容是重复的。报告驱动企业决策，但报告中超过98%的项目着眼于已经发生的情况，而不是预测可能发生的情况。因为有大量的数据存在，所以很难知道在每个会议中应该关注什么（第4级）。

结果，数百份报告中只有一小部分适用于任何类型的业务流程（第5级，这是其他失败的必然结果）。这些是典型的运营报告，例如客户名单未偿债务、数据清晰、行动明显。这些报告非常成功，早在意料之中。其他成功的报告几乎没有。

我告诉首席执行官：这对他来说不是新闻。这本身并不奇怪，但它理应如此。

> **行动：推动决策的报告更少**

我们设立了一个项目来解决整个企业的报告问题。目标是确定需要报告的每个领域，帮助他们发挥各自的作用。我们称为"基于角色的"报告：

- 每份要生成的报告都将具有明确的 KPI（关键绩效指标），这些指标将推动整个企业变化和行为，并与业务目标保持一致。
- 每份报告都应该被嵌入一个清晰的业务流程中，例如销售人员的月度审查。
- 数据源和定义必须与组织的各个层级保持一致，例如销售人员、区域经理、首席执行官等各级人员。必须明确定义每个项目，并显示数据的来源。
- 报告使用红绿灯系统集中注意力，总体目标是采取行动将一切变成绿色：这种"变成绿色"的信息成为一种文化活动。

> **结果：单一事实来源增加利润**

数据质量的提高说明管理人员已经采取行动，对着手进行的事情充满信心。用作薪酬基础的报告使用了财务系统中一致的数字，并调整了激励比例。

一年之内，我们将 500 多份报告缩减到 60 份。这对组织的影响不仅体现在报告上，还体现在如何在整个业务中使用报告所付出的努力和思考上。它允许管理者

> 将 KPI 和指标与业务目标相匹配。
>
> 基于角色的报告是一个关键工具,使该组织的利润增加了 64%。

从静态到动态的决策支持

不管报告制作得多精美,它始终只是一段时间内数据的快照。一旦完成,信息便开始老化。有些指标变化缓慢,可能需要数周或数月的时间来进行评估。例如,每季度进行一次可持续性发展报告是有意义的,因为这可以更好地揭示趋势,让人们关注于信号而非噪声。这种长期战略决策可能需要数年来审慎推进。与此同时,对于需要更频繁更新的数据,如客户服务的响应时间或共享办公空间的入住率,就需要更密集的报告周期。这些数据背后的决策需要迅速做出,资源或定价策略也可能需要按周甚至按日调整,以便及时响应。

在这些情况下,特别是当需要手动干预时,依赖报告编制就不是最佳选择。报告的编制需要对数据进行汇总,这个过程往往过于缓慢,因而通常不适用于追溯问题根源或识别成功因素,并且在下一次报告周期之前,无法评估采取的任何措施的效果。

报告的审查可能会揭示许多这样的报告,它们记录了错失的机遇和未曾解决的问题。然而,我们有机会通过数据仪表盘来实现基于数据的动态决策制定。即便是简单的仪表盘,一直发送成功、失败信息反馈提醒,也能促进与业务目标的互动。这也是一种让企业参与数据驱动决策的好方法。数据始终在那里，企业可能还能通过深入探索更多细节，几乎以实时的方式评估运营决策的影响，并利用数据来探查问题所在。

▶ **企业仪表盘**

企业仪表盘是一种信息管理工具，被用于将与企业业绩相关的数据点一目了然地呈现出来。复杂的数据可以使用图形和可视化来简化和总结，用户可以向下钻取或过滤信息以帮助理解。

有很多书籍会告诉你怎样设计仪表板。我们关注的不是这个。我认为很多仪表盘都使用了低质量、不受监管的数据。这些数据可能看上去还不错，却不能帮助我们做出有效的决策，没准和糟糕的报告一样危险。由于许多人设置仪表盘是为了下放决策权，因此利用这样的数据，效果可能会更糟。我佩服他们，我们勇气可嘉，但如果数据很差，就会有风险。我们强调的是拥有高质量数据的仪表盘，让企业信任它们。

苦口婆心地说服同事把时间和钱花在治理和数据质量上，你就不用再去宣扬仪表盘的优点了，这多少让人松了口气。

改善报告时，你灵光一闪想到选择仪表板，但殊不知有的企业可能已经在使用仪表盘了。他们的仪表盘由 IT 部门提供，这样他们就可以在现有的报表系统上建立一个用户友好的前端。

这样做是有好处的，但是不能作为出发点。仪表盘就是用来告诉合适的人他们需要知道的事情。这种非正式的方法使得最容易访问的数据变得显而易见，在报告内容中引入了偏见，并将偏向带入政策决定。

任务：设计仪表盘

在利用仪表盘展示信息时，一定要使数据和分析策略与用户的既定偏好相协调。调整策略和竞争内部利益需要技巧，也许还需要首席执行官的干预。

坚持数据和分析策略

仪表板上不可能只有一大堆信息。仪表盘上显示的信息，必须告知用户当天的关注点是什么，同时也要符合商业策略。如果削减成本是当务之急，那么基于销售跟踪软件显示销售增长的仪表盘即便看起来很棒、很鼓舞人心，也会使企业的重点转移。

询问用户如何衡量成功

如果某个部门采用了仪表板，那么雇员们就会对年终业绩评估的方法更加了解，而不会去思考怎样来测量日常工作的进度。如果你将他们聚集在一起，询问他们需要了解的事情，以及如何能够帮助他们，那么你可以充当"催化剂"，让每个人都能在仪表盘上看到关于成功的标准的共识。

管理冲突

请注意：这样做有可能引起冲突，并且要进行多次访问才能解决。那些想要对自己有利还是只按照他们惯用的方法来衡量关键指标的企业来说，也会出现不同的看法。为了处理这样的矛盾，首席财务官或者首席执行官都有必要出面干预。但是，从积极的方面来说，这有可能会发现隐藏的动因。这些动机可以解释为什么企业无法实现预期战略目标。例如，一个更宽泛的策略可以把重点放在增加利润上，而你的工作室可能会发现，销售部门仅仅把精力放在了销售收入上。

从最需要注意的开始

仅仅把注意力集中在好消息上是很有压力的。但是，这些都不是目前最紧迫的问题。第一天，仪表盘上的信号灯大多是红色的，这并不是什么好消息。但是，到了第100天，有些信号灯变成了绿色，剩下的都变成了黄色。和一份阅后令人愉快、振奋人心的成绩报告单相比，仪表盘上释放的信号更能带来变革。请参见图10-1所示的单一客户视图仪表盘。

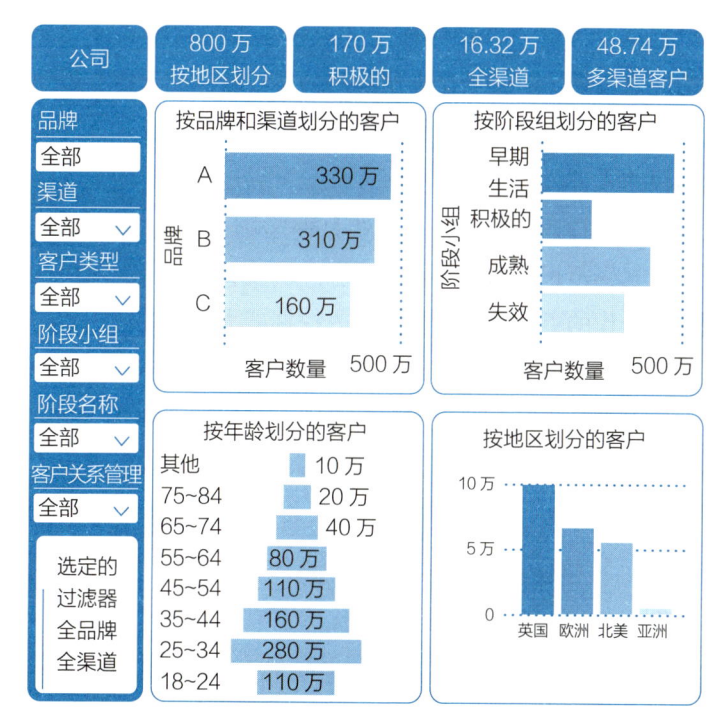

图 10-1　示例仪表盘——单一客户视图

可视化提供上下文

仪表板用简易装置（转速计数器、条形图、彩色箭头）发送消息，一目了然。你要区分目标指标和需要关注的指标。与报告一样，仪表盘必须始终发送信号提示操作。颜色信号通常做得最好，例如，如果计划是每年从客户那里获得10万英镑的收入，而你有了这10万英镑的收入，那么仪表盘上的红绿灯就会变成绿色。但如果你以9万英镑出售，那就会变成黄色，而卖7万英镑则是红色的。

添加向下钻取功能

根据个人需求，将数据在一定程度上进行汇总。向下钻取功能允许用户的仪表盘来调查和创建故事。对于负有集体责任的人来说，要明确这个集体是否做得足够好？对于负责提高利润率的人来说，要明确哪些客户是可以带来利润的、哪些是企业倒贴的？在某些情况下，对于某些用户而言，向下钻取甚至可以暴露不正常的个人客户、客户端或交易，从而提供从仪表盘到操作的更直接的链接。深入挖掘能力可以让使用者的控制面板进行调查并创造故事。对一个有共同责任感的人而言，一个国家的表现会不会更糟糕？谁能为公司增加利润？哪个顾客能给公司带来利润？哪个公司会亏本？

有时候，对一些用户来说，深入挖掘可能会暴露出异常的客户、交易，这样他们就能从仪表盘和行动之间建立起更加直接的联系。

▶ 向下钻取

向下钻取是指依次访问更深层次的分层排序数据，例如查看单个客户、产品或地区对标题统计的贡献。

任务：仪表盘实现

就像以前那样，这样的创新不可能仅仅在企业内部实现，而是要和用户一起合作才能付诸实施。这样一来，用户就能找到自己想要的东西，而不是像以前那样，被仪表盘上的数字吓得瑟瑟发抖，而是把它看作企业资产。

不止一个仪表盘

与首席执行官手提电脑上的仪表板相比，人力资源经理的仪表板的度量标准是不一样的，而且对于深度数据的存取也是不同的。大的机构可能会有 20 个独立的控制面板。还记得吗？如果你的数据只有一个用户视图，并且有一个持续的真正的资源，那么在创建时所需要的行政负担就不会像看上去那样大了。你要计划好仪表盘的一系列模块，以避免重复劳动。这就像是，每一个人在得到财务数据的时候，都会得到一个部门的数据，但是，这个数据也会被用来做"财务仪表板"，以保证数据的一致性，减少开发工作量。

速赢仪表盘

你肯定想要尽快有结果。拿采购仪表盘来说，这就是一个看得见摸得着的改进来源，并且易于实施。它第一次展示了企业的支出、与谁在一起支出。用一种非常简单的方法就可以对某个数据进行突出显示，轻松改变行为。类似地，仪表板上可以记录债务人的付款时间。它可以降低人们的注意力，不需要人们进行正式的决策或会议。

发现数据挑战

考虑到潜在的大量需要，我们应该从何入手？我们要面对一些商业区域仍然在处理数据质量方面存在的问题，并决定优先考虑哪些方面。到目前为止，我们一直将注意力放在企业就指定仪表盘元素时所做的工作，这对指导数据质量和治理计划的确有所帮助。在对仪表盘上要捕捉的主要绩效指标和衡量标准达成一致后，会产生以下两组决策。

- **精确的定义。**我们将使用的精确定义是什么？我们正在模块化仪表盘，所以就更没有理由在这个部门把财政收支按这种方式汇报，而在另一个部门却按另一种方式汇报，因为这两个部门会共享仪表盘上的同一模块。关于这个问题我们将进行一些探讨，但是并不是所有人都很客气。

- **适当的绩效指标。**一些重要的 KPI 并未完全按照你需要的方式测算，或者以远低于你所需的标准进行衡量：比如，要么未按办公地点划分，要么不经常被衡量。这又是一个创造性的时刻。你为企业提供的数据开始与想要使用它的人的优先级相匹配。请注意，在研讨会中不要假设："如果这个可以衡量，你会喜欢吗？"相反，提供已知的数据来源供企业使用，作为项目的一部分可能需要更多关注。

有了模拟仪表盘，利用一些工作数据，进行数据报表可视化，并反馈给企业的发展，是非常重要的。如果这是一种新的观念，那么他们会很难理解抽象概念如何起作用。你可以从模拟仪表盘提供的数据中心得到一些更有用的反馈。

确定数据访问级别

这也存在着一些管理上的顾虑，而这些数据一般都是汇总的，因此此类数据非常稀少。但被监控的人却能制造出压力。对工作的细节了解得越多，得到的信息越及时，工作就越顺利。别忘记，产生这种信息的是谁，例如在联络中心工作的人。如果他们的业绩被大范围分享的仪表板记录下来，那么他们就会觉得"老大哥"在监视着自己的工作。同时，这也能说明（并展示）仪表盘是怎样帮助客户的。

协商共同阈值

我们之前提到过红绿灯阈值的概念，但这相当于假设我们对良好和糟糕表现之间的分界线有共同的看法。这明显不对。要知道，通常情况下没有人会认真考虑琥珀色或红色之间的阈值，因此这个对话需要你来定义，因为你实际上正在创建一个使用数据定义失败的公司范围政策。这种做法强大而有力，但对那些担心自己会犯规的人来说是一种威胁。这个群体大致包括整个部门或业务单位。在这个过程中，我们很可能需要一些情商高的人。这样一来，人力资源部门没有理由不参与其中。关于如何处理这些问题的讨论也许是一件令人头疼的事情，但是这对你的工作有很大的帮助，同时也决定了你和 IT 部门之间的差异。IT 部门里有很多很有能力的人，他们可以建立并实现仪表盘。但是，他们的职责并不在于确定仪表板上写了些什么、如何提高商业竞争力，也不需要为糟糕的表现下定义一些重要的概念。而且，你并不是最后的"仲裁者"。借由这场辩论，我们可以对整体的资料转换流程有一个更好的了解。

从报告到洞察

同样，我们不能仅仅把仪表板看作一种动态的报告。持续地转向仪表盘驱动的管理，也意味着公司的管理重心已由以前只汇报业绩，转向考虑业绩变动对将来的影响。在目前的情况下，为实现这一目标而使用数据的公司所占比重很小，往好了说这是不平衡的。仪表盘还为分析和数据科学等面向未来的学科提供了基础和思考方式，我们将在第十六章详细介绍。

在这一点上，企业分析能力并不出色，但我们还是可以通过历史数据来更加细致地对比目标。这么做会降低利用非正式的、令人误解的指标。举个例子，一个零售部门的销售团队可能会使用一个基本仪表盘，由数据团队外部的影子资源实现。该模型隐含地假设四个相同的季度和恒定的市场条件。通过数据小组的介入，团队可以将其升级为使用根据市场条件调整的同类比较，或针对竞争对手的钱包份额分析，从而深入洞察年底业务发展情况。他们可以利用基于市场环境的年度对比，或者通过对竞争对手的钱包份额进行分析，来洞察年末商业发展。

这看起来虽微不足道，但根据我的经验，减少简单的报告或仪表盘可以避免销售团队在每个业务年度结束时为了制定一个自己完全不知道会不会失手的目标而疯狂打折一个月。

任务：信息架构

我们可以阻止扩散并减少报告的统计数据和指标数量。文件或演示文稿必须经得起详细审查。如果仪表盘要作为一种工具被有效使用，就应避免第一眼看到过多信息。根据我的经验，仪表盘上的信息没有硬性规定。

- **最好少于八项**。我们的大脑往往是有选择性的，仪表盘上数据太多不仅无法提供信息还会让人感到困惑。
- **按标题分组**。如果报告有三个主要部分，那么请在标题下对每个部分的指标进行分组。分组会帮助人们有选择地集中注意力。
- **标准化呈现**。用户体验表明，当信息以一致的方式呈现时，我们会更冷静，工作速度更快。让仪表盘用户本能地识别信息，不要让他们工作得太辛苦。
- **允许假设**。仪表盘应该是进度会议的焦点，但请记住，我们参与其中是因为想做出更好的决策。一种方法是在仪表盘中构建假设功能，假设所有指示灯都是琥珀色的，并且可以顽固地保持着这种状态。但是，更深层次的调查显示，会有部分服务表现不佳。如果我们终止这部分服务会发生什么？如果信号灯变成绿色，那就是一个具有前瞻性的信息，暗示了行动的后果。
- **要有认证和出处**。构建仪表盘，在每个阶段仔细测试数据是否满足治理和质量标准。但在其他人看来，仪表盘提供的数据似乎并不比任何其他报告更准确。别忘了开始提到的："没有人相信数据"。因此，如果你手里有一个每天更新的可靠事实来源并得到相关业务部门认可时，你就可以创建一个数据认证标签并在仪表盘上显示该认证。这被称为认证报告（或仪表盘）。这不代表数据质量是完美的，只代表数据团队知道数据将被更新，以及数据何时来自何处。缺少认证将使很多IT部门制定的或者自己制作的仪表盘项目受到影响。如果仪表盘能给出好的信息，那么用户就会相信它。数据团队可以显示一个框，解释数据上次更新的时间，或将鼠标移到数据上时，显示一个弹出框列出数据来源。还有可以在有质量问题的数据项旁边弹出出错警告。所有这些设备都是为了向用户传达适当的数据信息，尤其是坏消息。

> ▶ 认证报告（或仪表盘）
>
> 认证报告是指在数据质量、治理、数据来源、及时性以及创建过程中的任何转换、聚合或计算的知识方面已经被"认证"的企业报告。

现在你会发现报告和仪表盘有很多。大家被频繁地要求提供数据报告，却并不了解提供报告的后果。在这个阶段值得反思的是，报告和仪表盘开始暴露一些潜在的业务问题、业务流程中的潜在缺陷和数据收集问题。此外，一旦人们看到报告和仪表盘，他们就会要求提供更多数据。这样的事情经常发生。我把报表和仪表盘成熟度模型结合起来（图10-2），增加了从建立基础报表到与顾客分享数据的整个流程（我们将在第十七章进行更多的讨论）。

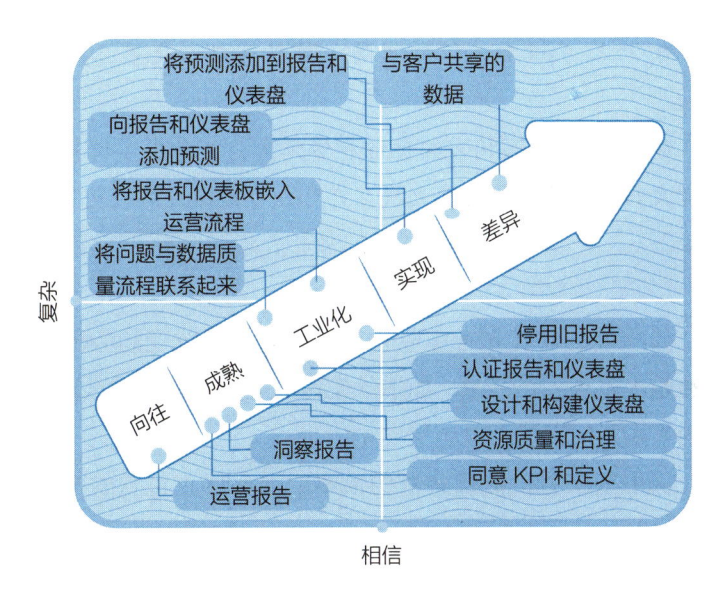

图 10-2 报告和仪表盘成熟度模型

避免急功近利

最后,我要提出一个警告。1975 年,经济学家查尔斯·古德哈特(Charles Goodhart)创造了以他的名字命名的定律,现在一般将其概括为:"如果衡量方法自身成为一个目的,那它就不再是一种良好的测量手段。"

因此,在控制面板中建立切合实际的性能指标是很重要的。一亮红灯,大家都想把绿灯亮起来。这表明,很多人为了改变这些指标,不惜一切代价,不管是好是坏。这可能对企业有利,也可能不利。

因此,反映企业长期健康状况的衡量标准至关重要。你还可以通过估计销售的生命周期价值在报告中添加记录。例如:

- 产品 A 难卖，但利润高，客户签订的是第三方维修合同。
- 产品 B 具有相同的标价和保证金，并且由于使用免息信贷交易，因此销售速度更快。它有公司自己提供的免费终身保修。

如果仪表盘优先考虑收入，那么短期内改变趋势的方法当然是大量出售产品 B。如果优先考虑短期利润，那么产品 B 对销售团队的吸引力也会更大。

从中期来看，提供融资的成本，加上停止付款的拖欠客户，将降低产品 B 的利润率。

长期而言，产品 B 将因终身质保而获得较少的利润。由于产品缺陷日益显露，维修成本逐年上升，最忠诚的客户也有可能是你最不赚钱的客户，而且随着你在市场上拥有的产品 B 越多，利润受到的冲击就越大。这已经不仅仅是仪表盘的问题了，它直指战略决策的核心。但是，如果有一个仪表板可以记录这种趋势，并且允许政策制定者洞察到，为什么服务或信贷融资收费比预计的要高，那么，它就可以提前发出警报。同时，我们也鼓励企业各个部门之间跨部门协同，打破数据孤岛。这一点同样适用于报告和仪表盘。如果运用恰当，它们会成为影响深远且具有创造性的增长引擎。然而，如果忽略数据质量或设计过程，那么即使某一项项目的成功，也会在无形之中阻碍企业的发展。

总结

- 报告是使用数据做出决策的依据。你首先要做的就是保证你的报告是高品质和可信的。
- 大多数企业都存在太多数据不一致的报告。审计人员将帮助你找出这些报告中有多少是极度矛盾的。
- 仪表盘也有类似的功能，但是使用的是动态的、定期更新的消息。
- 要创建这两种信息，就要询问使用者哪些信息具有最高价值，并注意将其与数据和分析策略的优先级保持一致。清晰地传达改变才是至关重要的。要创造这两类资讯，首先要问用户哪种资讯是最有价值的，并且要小心地将资讯与资料及分析策略放在一起。清楚地沟通变化非常重要。
- 尽量避免将太复杂的数据呈现给用户，但可以适当地让使用者有机会去探究其中的细节。

第十一章
CHAPTER 11

数据风险管理和道德规范

各机构花费大量时间在研究和开展更多元化业务上。经验让我们明白，利用数据可以做到的最好的一件事，就是让员工避免犯错、保护利润，有助于创造一个更安全、更美好的企业环境。

> **关键概念**
> - 数据隐私
> - 数据安全
> - 数据伦理
> - 数据合规
> - 数据欺诈

概述

讨论从数据中提取价值时，我们不能忽视所采取的行动可能给企业带来的风险。除了数据团队当前工作的重心之一降低表现不佳或失败的风险外，数据滥用乃至数据欺诈的风险也始终存在。

从动机、手段和机会三个方面考虑，我们认识到数据本身具有极高的价值。但若将数据孤立存储、忽视其质量，或未能保持数据的时效性，其价值会大打折扣。然而，一旦通过提升其质量大幅增强数据资产的价值，我们实际上也就增加了他人盗取或滥用这些数据的动机。

数据转换过程增加了更多人访问更广泛数据的可能，常常涉及大量数据。因此，我们可以得出结论，很多人都有办法窃取数据。

机会就是时机。你的公司也许在安全方面花费了很多钱。但是世事无完美。其实，随着我们中的许多人长时间在家工作，破坏安全、盗用或滥用公司数据的机会前所未有地增多。

这样的话我们该怎么办呢？我认为在这些情况下创造性地使用数据可能会改变一些潜在的问题业务流程。

五大支柱

管理风险和道德合规性有五个独立的要素，分别是数据隐私、数据安全、数据伦理、数据合规和数据造假。数据隐私和数据安全是最大、最重要的主题，在此我就不多说了。许多书籍都探讨过这个话题。它也是值得我们用一整本书深入探讨的话题。

数据隐私和数据安全

> ▶ **数据隐私和数据安全**
> 数据隐私和数据安全是确定数据以何种方式在

> 内部使用、与第三方共享的方式、数据如何被合法收集或存储，以及业务运行模式的监管限制。

数据在企业中变得有价值、可访问，其结果之一就是，我们可以将从客户那里获得的数据创建成一个更大、更深刻的图景。这代表了他们对我们的信任。

其中一个回报信任的方法就是妥善处理用户的信息。得到电话号码后，将其储存起来，使之能与客户取得联系，这样我们就能改善数据质量。当客户不希望被市场和销售打断的时候，我们还可以将他们的喜好保存起来。

当我们建立一个功能强大的新的工具时（例如，客户的单一客户视图），我们将对每一个区域有具体的隐私需求。从定义上讲，单一客户视图中的数据是有价值且敏感的。我们要保证数据受到严密保护，免受内部和外部的黑客攻击，以及意外和不当访问的影响。

最重要的一点是，这些基础知识从一开始就被内置到我们的项目中，而不需要稍后再增加。例如，控制对数据馈送的访问是按设计构建的，也是治理的一部分。访问数据的请求必须经过一个正式流程。你的数据团队应该喜欢创建新的见解或应用程序，但这些尝试不得让他们无意间接触到敏感数据（无论是正式的还是非正式的"敏感性"），也不能损害这些数据的安全性或隐私。

例如，在为消费者创建自助服务应用程序以便于其修改自己的数据时，他们访问该数据应该与员工访问数据一样受到严格控制。而且，如果存在隐私或安全漏洞，就必须按照情况要求进行沟通和处理。

信任让创新成为可能，让人失去信任只需要几秒。如果真的失去了，那就需要几年的时间才能重新建立信任。

数据伦理

> ▶ **数据伦理**
> 各组织应负责任地使用数据，即使没有监管，也要为社会做正确的事情。

在多数情况下，确保商业活动中数据使用的透明度是以道德方式处理数据的关键。

20 世纪 80 年代，新兴的商业伦理研究课题最多被看作有争议的。专门研究这一课题的学者菲利普·V. 刘易斯（Phillip·V. Lewis）在 1985 年撰写的一篇研究论文中形象地指出："在商业中定义道德'就像把果冻钉在墙上一样'。"

从那时起，我们可能还没有完全解决定义的问题，但我们目睹了许多商业行为实例，无须学者即可判断其是否符合伦理标准。虽然这一领域仍存在灰色地带，但我们的任务不在于解决伦理难题，而是要识别并处理潜在的道德问题，并尽可能利用数据来遏制不道德行为。

一种有效的方法是，企业采纳并执行明确的原则，例如反对歧视的实践，并对其进行监督。这同样适用于人力资源管理等领域。虽然数据并不能说明一切，但它能提供关键的线索。

当员工的自主决策涉及不道德行为或促成不道德行为时，应对其加以限制。基于直觉的决策过程更容易将伦理和道德观念置于个人的自利和狭隘思维之后。基于商业规则做出的决策不仅效率更高，也更为公正，因为这些规则可以被回顾和分享。

当研究机器学习和人工智能的潜力和陷阱时，我们意识到，这不是一个小问题。虽然数据本身可能无法解决问题，但它可以揭示解决问题的路径。

数据合规

> ▶ **数据合规**
>
> 数据合规是确保数据的组织和管理符合企业的业务规则以及法律和政府规定。

对内外合规制度也不是没有批评之声，其中一种就是，他们会为那些试图破坏规定的人指明一条路，让他们知道如何去做，以避免被抓到。我对法国兴业银行的杰洛米·盖维耶尔（Jérôme Kerviel）欺诈案进行了研究。

盖维耶尔于2000年加入法国兴业银行担任中层，讽刺的是，他在合规部门工作——还有比这更好的职位吗？ 2005年，他晋升为初级交易员。到2007年和2008年，他被曝出大量伪造头寸交易，远远超出了他的权限。法国兴业银行指控他违规交易，致使交易金额高达499亿欧元，超过了银行的总市值。

将相关头寸全部平仓之后，法国兴业银行损失约49亿欧元。盖维耶尔锒铛入狱，罪名是伪造银行纪录、使用伪造账户以及涉嫌计算机系统欺诈。我的工作是通过数据找出发生了什么以及事件是如何发生的。很显然，盖维耶尔的交易是由法国兴业银行的系统捕捉到的，但是这些数据都被存储在其他地点，无法被分析和进行风险评估。各大系统、各数据库之间并未统一，拥有盖维耶尔这样有合规背景的人士也清楚该如何规避。他会在交易触发银行内部控制系统的通知之前关闭交易。

对此，我有两点可以肯定：第一，即使没有人关注，没有人约束，它也能自我约束，遵守社会准则和内在准则。因此，不管是什么情况，它都存在一种道德上的问题。在理想的环境下，它将被剥夺这个职业资格。金融业并非十全十美。第二，在你试图达成一种单一的事实源的时候，你可以利用数据工具将数据自动地呈现出来，这样就不会有人能骗得了你。在这种情况下，消除盖维耶尔与系统博弈的方式就相对简单了。但是，基础数据的孤立性质使之无法实现。孤岛和合规性不能混为一谈。

数据造假

▶ **数据欺诈**

数据欺诈是指为经济利益而故意捏造或伪造数据的行为。

在一个企业中，最脆弱的数据链上可能会出现数据欺诈。

虽然我们可以使用自动检查和对账来终止大多数的造假行为，但是，我们不可能识别每一次造假，而是在软件中存在的安全缺陷也是不可能被完全修复的。随着业务流程的发展，新的造假机会层出不穷。如果你认为自己总是被那些想要寻求机遇的人盯上，那你就得假定总有一天会有人成功。到了那个时候，你一定要拦住他们。

如今，安全软件只搜索可疑的行为，而不会去识别每一款恶意软件。我们可以在数据流中嵌入欺诈的探测：异常的发票模式、活动高峰或无法协调的数值。

在数据转换开始时，峰值并不明显，并且数据也总是对不上号，所以欺骗行为可以被忽略。提高数据质量可以严厉打击低级数据欺诈。在一家博彩公司，为一家在线赌场删除重复的客户数据时，他们发现了一位非常热情的客户。他开了 3000 个开放账户，每个账户都是为了领取 10 英镑的免费赌注而开设的。

案例分析 | CASE

家投资银行的欺诈指控

挑战：控制分析师

2000 年，我以董事总经理的身份加入了一家大型投资银行，负责调查和改进创建投资研究的过程。这是由卖方分析师创建的。他们都是各自领域的专家。分析师会用他们专有的方法分析一只股票，然后建议投资者买入、卖出或持有。

分析：我们有一个问题

有一个谜：许多分析师推荐股票为"买入"，但基础研究似乎并未暗示这一建议。该银行有许多分析师正在被评级的公司作为客户，因此如果这些股票上涨，银行就会赚钱。

> **行动：调整数据**

我的工作是分析基础数据，建立分析模型，提出全面改进措施。

我重建了包含财务和预测数据的基础模型，并从包括新闻提醒和财务结果在内的非结构化数据中添加了情绪。

> **结果：一种新的经营方式**

一开始，我弄不懂其中的一个因素，那就是分析师们用来提出建议的专有模型。这些是他们的财产，受到严密的保护。不过，随着监管机构开始调查，分析师们很乐意交出他们的模型——因为我的数据可以证明他们的行为是善意的。我们的工作改变了整个行业在研究报告中使用数据的过程。我们创建并共享了一个名为"RIXML"的开放标准，允许客户查看模型构建过程以及数据如何影响结论。这个项目彻底改变了评级的授予方式，并在评级过程中创造了更高的透明度——我开始接受这份工作时，这个目标似乎无法实现。第十七章将介绍关于 RIXML 的更多细节。

任务：与监管机构合作

有些公司并不鼓励他们的雇员和监管者一起工作。我一直就不理解这一点。的确，很多人都不太愿意看到监管者时不时地给他们打电话。但是监管者不会离去，而且我相信如果我们能够共同使用一种通用语言——数据，就会有互惠互利的潜力被挖掘。

我发现，在隐私权责任的框架下，对数据进行探讨，可以为监管者营造一个良好的环境。这是因为监管机构必须揭示和减轻与他们监管的公司的高管相同的道德和欺诈问题。但他们的预算较少，无法直接访问受监管企业可以使用的客户或交易数据。在互惠互利且法规允许的情况下，任何联合行动都可能成为其他商业伙伴效仿的模板。

不同的文化可以通过共享方式获得道德收益

初看之下，与监管机构建立沟通渠道并分享数据见解应该并不复杂。毕竟，监管机构和大多数市场参与者的愿望大体相同：任何人都不应通过违规获利。

我在20世纪90年代第一次与英国金融服务管理局打交道。那时我在另一家投资银行工作。我们的讨论集中在向英国金融服务管理局提交的监管报告上，以确保报告与机构目标保持一致。

但是，我们的合规部门和监管机构的监管人员并不真正了解数据是如何被创建和管理的，这意味着流程出现了问题。我们一方不知道可以分享哪些数据，而他们一方不知道该要求什么数据。

统一目标

这是一个合规性问题，而不是一个调研问题。合规性与流程和模型有关，与个人无关。因此，我觉得我们可以与监管机构共享这些模型，不要有任何的压力。我们没有共享底层数据，但分享了如何管理和存储这些数据的过程。监管机构真正感兴趣的是我们分析数据、检测内幕交易的方式。分享这些想法没有任何利益冲突，也没有任何不利因素。

这样的信息共享确实打破了障碍，增进了彼此的了解。这些活动让双方协作增多，合作更加富有成效，双方间的猜忌也随之大大减少。

总结

- 数据很有价值，所以必须加以保护，以免被滥用。在捕捉到数据的同时，必须对其进行保护，而不能将其当作后来的考虑。
- 当创建项目时，数据保护、数据安全、遵守道德及防范舞弊的方式都必须被列入提案，并得到所有利益相关者的同意。道德期望是有的，但是出于各种原因，它并非总能得到满足。通过消除利益冲突或主观决策，数据有助于创建一个保护企业、客户、员工的体系。
- 员工行为的可见性对于合规至关重要——这说明当员工违规时，要给予其警告，同时也要监控其行为模式。监管机构往往需要与企业、客户及员工保持一定距离。但是，有限的数据共享可能是取得成果、雇主与监管机构之间增加信任的有效方法。

PART 4

第四部分

第三个阶段：工业化

渴望　成熟　**工业化**　实现　区分

基于上一阶段积累的来源好、质量高的数据，我们就可以通过大数据来加快组织的优化，从而达到规模化和自动化的目的。

这表明，在条件允许的情况下，实现数据自动化采集将消除手工处理与报表和仪表盘自动化过程中引入的低效和错误，这样，我们不需要花费大量的时间手动完成所有的工作。自动化使我们可以实现可扩展的功能，而不需要大量地添加数据资源。它还表示在一个部门进行价值扩大化生产后，可以将这些过程扩展到企业其他部门。

为了从数据转换中获得最大利益，执行团队必须开始根据数据的流动和使用来重新规划流程和执行能力。这是真正由数据驱动并走向实现下一阶段的第一步。

VBI 模型在这一阶段的活动包括：

价值。 数据团队将利用在数据治理和质量方面取得的成就，自动化数据采集、报告和仪表盘，并将流程标准化。

构建。 可以在整个业务中使用类似的方法和业务流程，从规模中创造显著的价值。

提升。 为优化和简化业务流程提供了新的思路，同时也为实现这些目标所需的组织变革提供了信息。

第十二章
CHAPTER 12

自动化！自动化！自动化！

在数据的生成和使用过程中，减少人工流程的数量和缩小其范围，将是提高企业绩效的有力途径。你很有可能会发现许多没有被记录的合适流程。这样既可以减少费用，又可以改善数据质量。

> **关键概念**
> - 业务流程自动化

概述

英国科技企业家威廉·李（William Lee）发明了自动针织机，并申请了专利，但英国专利局驳回了他的申请。把这个坏消息传达给他的人，正是那个对他的发明嗤之以鼻的伊丽莎白女王一世（Queen Elizabeth the First）。这是 1589 年的事了。

大家一致认为，要是有一种能反复、单调地进行编织袜子这一任务的机器，那让我们人类做什么呢？我们都将被机器淘汰，机器人要来抢我们的饭碗。这种想法占据主导地位。很多人不管是在私底下还是在公开场合，都持有这种观点，但他们可都不是卢德分子❶。1930 年，约翰·梅纳德·凯恩斯，这位全球知名的经济学家，曾担忧过，随着技术的变革和生产力的提高，社会将如何应对一周 15 小时的工作时间。在这个世界中，自动控制的阻力是很大的。我们总以为自己从事的工作很特殊，每一天都与众不同，而那些要求掌握技巧的工作，是不可能靠机器来完成的。

事实是，对于许多任务来说，自动化不仅仅是可行的，而且是唯一明智的做法。

我们在数据治理和质量方面所做的工作为实现管理和分析过程的工业化创造了巨大的机会。这些管理和分析过程浪费了公司数年时间，降低了我们付出巨大努力创造的数据质量。

迎接自动化还有另一个原因：如果你不这样做，那么你的竞争对手就会这样做。他们的竞争优势就会增强。17 世纪的英国，威廉·李在贫困中去世。他的老板曾试图阻止变革，但这并没有帮助那个时代的手工针织工人保住工作，因为威廉·李的针织机技术很快在世界各地被广泛采用。

▶ **业务流程自动化**

指利用数据和技术使有多个步骤的业务过程自动化。它可以提高质量，简化治理，节约成本。

---

❶ 卢德分子（Luddites）指因机器效率高导致工人失业而破坏机器的人。随着工业革命的大潮，人类科技大发展，生产力急速提升，卢德分子渐渐成为保守、落伍、反动、反对进步的同义词。——译者注

什么情况下可以实现自动化？

数据活动一开始，你就会忍不住一头扎进去，沉迷于"手动操作"。这是很自然的，也不是什么坏事。如果你能理解每一个步骤，就能更好地理解报告和仪表盘数据（通常比任何人假设的数据都要多，包括那些过去五年一直手动构建这些报告的人）。如图 12-1 所示，我拟写了可以并且应该被自动化的数据活动类型。我们将在本章后面更详细地讨论如何使用工具自动创建数据存储库。

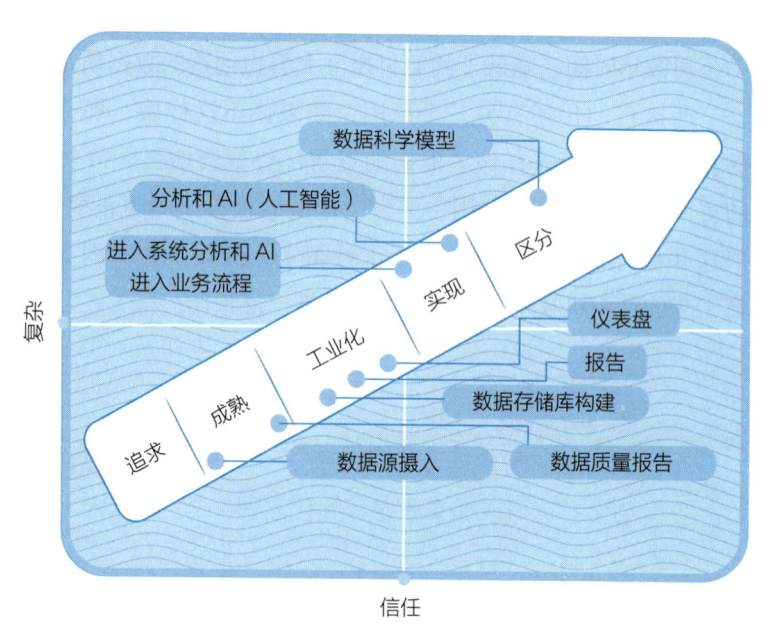

图 12-1 自动化成熟度模型

在任何一个稳定的可重复的流程中，工匠方法变得次优的时刻就是重复了两次的时刻。在这种情况下，不管是谁，都会形成一种习惯、一种思考的快捷方式，让你能将数据存放在合适的地方，并对其进行处理。这样做有两个坏处：一是该工作没有得到认可；二是没有人对其工作过程进行文档化。这就是我们在前一章中讨论过的造成报告"不可调和的"一部分原因——每项输出都是由部门中创建它的人手动精心制作的。这也是我们上一章所谈到的导致报表"无法协调"的部分原因，因为每个结果都是由这个部门里的某个人手工完成的。销售部的莎莉和与财务部的格雷厄姆就这些数字据理力争，但实际上，唯一知道这些月度报告编制逻辑的人正是她休年假的私人助理埃里克。这些手工产品顶多就是不受管理。最糟糕的情形是，他们把公司推入了危机。

这是一件很好理解的事情。设想一家新成立的企业，两个雇员互相认识。大家可以分享信息。向投资人或者可能的投资人做报告，是每个人的工作成果。数据要么是外部的（研究、市场），要么是相对近期的。这个体系通常是随意的或不一致的。

初创公司不断发展，收购了一个小的销售团队，收取佣金，还有几个人处理财务。它开始寻找投资者，获得银行贷款，考虑再开一个办公室。每个人每周工作 80 个小时，建筑结构要么是事后才想到的，要么是企业家管理层抵制的东西。

对于一个企业的成长来说，数据报告突然成了关键。人们第一次开始变得专业化，进入那些他们没有接受过训练的区域，而且也不会那么快建立信任关系。现金流突然吃紧，财务团队需要知道正在出售什么、计划出售什么，以及出售方是谁。投资者要判断他们的投资是否靠谱。无论你是在 1 年前开始创业，还是 100 年前创业，都会创造一个以数据为基础的家庭手工业。我在一家服务型企业工作时，发现这家公司手动制作了 500 份定期报告。这就意味着，有不少人，要么熬夜，要么在周末加班，要么在电脑上编辑、粘贴数据，写出一份报告。他们的习惯各不相同，经常无法协调一致，每次月度报告看起来都有一些不同。但问题在于我们并不知道相关人员究竟在做什么。我相信不是所有人都能自己解释清楚。

▶ 如何衡量业务流程自动化的潜力？

1. 数据工程的成功实施。你在数据质量方面的努力，毫无疑问地显示出高品质的数据是有价值的，并且使他们认识到手工采集数据对于企业是多么的困难。纸张流程、重复输入、剪切、粘贴等工作，都需要劳动密集型数据获取方式，而且极容易出现差错。

2. 一个稳定、重复的过程。我们对数据的处理也可以实现自动化。我们会看到，这不仅仅涉及原材料的标准化问题，而且还涉及企业内部的一致性。一旦有人接触到这些数据，程序就会瘫痪（或者，你并不清楚它是否已经崩溃了）。

3. 不需要判断的决策。在此次之前，我们基本上把数据视为人为决策的输入。从现在起，我们要进行转型，让他们放弃不必要的决定。

多大程度上实现自动化？

依我之见，关于能在多大程度上实现自动化，有两个放之四海而皆准的答案：第一，比你现在自动化程度要深；第二，比你想象得要多。

在这一点上，第二个答案更让我们感兴趣。虽然我将创建报告的过程描述为手动操作，但并不代表我认为手动操作就表示缺乏资质、不够智慧。企业中最聪明、训练有素的数据人员，如数据科学家，通常也喜欢这样工作。后面我们还会谈到这一点。在实际应用中，数据科学一大弱点就是局限性太大。一次性见解也许很有价值（回想一下我们的速胜），正是这些可以反复使用的洞察力才会带来回报。这些模型中自动化和文档数据化会让数据模型运转得更好。到目前为止，"机器人来了"报告中出现了一些不准确的数字，当然也有一些详细的分析。几乎没有什么工作是能够完全实现自动化的，不管你当前的数据质量如何、你的 IT 系统多么完善。

麦肯锡全球研究所 2018 年数据表明，在所有职业中，6% 的职业至少有 30% 的任务适合自动化，只有不到 20% 的工作是 100% 自动化的。这一点也不令人意外：雇用一个专门从事机械工作的人，意味着他在处理一些非传统的工作时，就不会使用判断和技巧了。最容易自动匹配的工作是可预测的体力活动（81%）（这就是机器人制造汽车的原因），而这与我们无关。麦肯锡全球研究所认为，69% 的数据处理和 64% 的数据收集可以实现自动化。在美国，这意味着超过一半的工作活动，而全球范围内的数字则达到了 15 万亿美元的工资总额。对于那些最有可能实现自动化的工作，这是一个比较复杂的问题。近30年来，各国劳动力市场出现了"空心化"现象，这是有目共睹的。有些技能不高的工作已被自动化所代替，例如，以前的装配工人，现在由精密的机器手臂来代替。其他一些低技能的工作报酬太低，无法实现自动化，比如，你可以花费几百元买一个机器人吸尘器，但是我们大多数人都会选择自己动手或者找一名小时工。

企业也通过将部分工作外包给新兴经济体来应对这种局面。这推动了雇佣双方共同增长，但是有两个理由表明，这样的趋势是不可能长久的：第一，当经济发展时，薪资会上升；第二，新冠疫情表明，外包存在风险。

2016年，经济学家卡尔·贝内迪克特·弗雷（Carl Benedikt Frey）利用人工智能将每个任务按照自动化水平进行了归类，并将它们按照概率排列成了一张自动清单。

弗雷博士和他的同事迈克尔·奥斯本博士（Michael Osborne）分析了700种职业。结果表明，在那个时期，社工和护理员的就业机会最低。不过，会计师和电话推销员被自动化取代的可能性更大。弗雷认为，那些无法实现自动化的工作，"很有可能要求高度的创造力以及复杂的社会互动……而计算机在这一领域的表现还是相当差的"。在其另外一部著作中，有一条很重要的结论，那就是自动化并非由一项科技决定的。麦肯锡全球研究所和弗雷一致认为，自动化并非是一种即时的替代，而是一种提高工作效率的过程。人们通过选择适合自动化的工作，改进这些工作的完成方式，然后利用成功经验来指导下一步，从而一步一步地将我们的成熟度模式从左侧向右侧移动。这也就意味着，根据你的数据、分析战略、基本业务，还有你所能实现的功能，你的业务惯例也在不停地改变。

任务：自动化项目论证

你的公司是否已经做好了实现自动化的准备？上一段简短的回答是"是的"。如果你早点行动，那么在你的不良习惯和影子数据资源植入前，你的计划就会变得更加成功。不过，你可能会在各个层面遇到一些阻力，尽管如此，有必要为改变提供一致的论点。出乎意料的是，一些自动化的原因乍一看更像是反对提高自动化的理由。

频繁的变化

手工处理数据的原因之一是，随着系统升级、项目的出现与消失、产品和服务不断发展，对报告的需求也会定期不断变化。这一点经常被当作手工制作报告的原因，而实际情况恰恰相反。这需要你对外界市场的改变做出很快的反应，并且在公司内部保持连贯的沟通。实现这个目标的唯一途径是将所有的数据输入自动化，并在需要改变的时候使用它们。要做到这一点，唯一的方法就是自动化所有的数据供给，然后在需求变化时应用这些数据。你可以将一个机构内各部门之间的相互重叠的资讯系统视为中心，而将其他共享数据较少的部分视为外围。从一个部门转移到另一个部门，或从一个地点转移到另一个地点，都是类似于变革的进程：利用自动化，以便在新环境下，数据不再是决策的限制因素。

管理风险

成熟度模型上第二个任务是数据质量报告。这是一个简单的自动化应用（有多少字段是空白的？我们有多少客户记录?),一般用简单的计算就能达到。但是,这也给企业的经营风险带来很大的影响。

自动化就是指根据风险做出的决策总是采用能够保证其没有被人为操纵或歪曲的最新数据。这样就能改变风险胃纳:当报道已经过时或者不精确时,就不必再拖延了。

这对于财务报告来说也具有重大意义:第一,能按时提交财务报表,避免因解决方案而发生矛盾。回顾世通的倒闭,其中一个原因就是它的会计报表体系彼此不协调;第二,能帮助企业更好治理和实现合规。首席财务官完全有把握地向审计人员解释这个数字的来源。

无记载过程

这个问题涉及第三个重要的维度:那就是如何像制作香肠一样,对数据进行分类?人工数据处理涉及一系列的小决策和任务,而这些决定也许只是决策者的主意。如果你让他把整个过程写下来,他们就有可能错过某些细节。随着自动化成熟度的提高,分析师、数据科学家或者那些想要编写代码提取数据的人都会面临一个相的问题:他们没有把自己的工作记录下来。当某人跳槽、休假或者遗忘时,你需要学习怎样从那些信息中提取信息。

报告积压

如果反对自动化的理由之一是"只要我们完成所有必须完成的报告,我们就会去做完",那么这是加快而不是减慢工作速度的信号。公司招募的员工数量是有限的,但需求在不断出现(通常是在常规的、不必要的、价值不大的流程之上)。

这有时会给企业运营带来一个巨大瓶颈——而且，这并不局限于实习生和行政人员。其中，数据仓库的管理员更像是一个"看门人"。如果我们想提取数据，就必须通过管理员，由管理员来处理。根据我的经验，那些没有书面证明就写报告在加薪和工作保障方面"向公司勒索"的人并不罕见。

技术变革

我们正在经历一场数字化转型，但这意味着什么？这往往意味着，随着应用程序转移到云端，数据会四处移动。当技术发生改变时，手工过程就必须得到更新。这经常发生在某人因为重复了上月的手工过程而惊慌失措的时候，他会发现这个公司好像一下子没有了雇员或者没有了周转率。提取数据的脚本不能只关注如何抽取数据、以何种形式提取，以及结合哪些域。假设一个 100 行代码，99 个与技术变化有关，另外 1 个代码就会说明数据被存放在什么地方。如果你已经自动化了，那这就是你需要更新的全部内容。

> **案例分析** | CASE
>
> ### 发邮件的菠菜
>
> **挑战：土壤里有什么？**
>
> 2021 年初，我们被一则新闻逗乐了——"科学家发明了一种能发送邮件的菠菜"。这其实是一份麻省理工学

院之前的研究报告。《卫报》(*Guardian*)于2021年刊载的一篇文章调侃道:"垃圾邮件的新前沿。"与其说它是机器人,不如说是植物。当然,这并没有抓住菠菜想要告诉我们的重点。土壤中所含的物质对数十亿人来说都至关重要,而我们只能通过可怜的手工技术来找出答案。

分析:教植物说话

这项研究的最初依据是:植物在检测土壤组成方面很有一手,但它们却无法告诉我们发现了什么(除非是花开或是凋谢)。当土壤太干或含有有害化学物质时,植物能够自动交流,那么我们就可以持续、自动地报告土壤的状况。

行动:自动警报

"植物纳米仿生技术目的是将纳米粒子引入植物,赋予其非天然功能。"麻省理工学院化学工程教授、该研究负责人迈克尔·斯特拉诺(Michael Strano)说。专家在植物叶子中嵌入碳纳米管,当遇到特定的化学物质时,碳纳米管会发出荧光信号。这些信号可以通过连接到智能手机的红外摄像头读取,智能手机会自动通过电子邮件发送警报。邮件发送流程没什么特别。感谢麻省理工学院,总有一天,菠菜一定可以轻松地更新仪表盘或触发警报。

结果:"或许菜豆偶尔也会加入到视频通话中来?"

《卫报》在2021年发表了这样一篇文章。无可否认,

> 这个办法尽管有点古怪，但不失为一种对自动化很好的解释。该方法能有效地控制和准确地监测土壤中的各种成分。它解决了获取信息需要大量重复工作的问题。用这种方法汇报数据，就意味着我们有很多种方法可以沟通。

任务：可管理的自动化项目

如果不管理项目范围，你就可以从事大量的自动化工作，但是报酬却很低。我们再回到服务式办公室企业的500份报告上。为所有的报告——创建自动匹配流程，然后用余下的职业生涯努力保持它们运行，这显然是自相矛盾的。自动化也需要你着手管理，管理范围与管理人员的积极性会成比例地扩大。那么，我们怎样才能使自动化易于管理呢？

限制工作负载

最有意义的步骤就是对预期进行管理，而非实施以商业需要为导向的行为。这是一场协商。这是一个谈判的过程。我们对所有500家服务型办公企业的报告进行了研究。结果显示，这些报告存在大量重复（这毫不奇怪）。这和我们在仪表板上碰到的问题相似，大部分管理人员都觉得自己有特殊的需要。与报告作者设想的不同之处相比，所需报告的内容更少。

其中一个原因是员工们会有一种自我防御的感觉。如果撰写报告的人能让自己和他人相信这份报告很特别，需要不同寻常的技巧，他们就有理由被赋予特殊责任。这也是他们每月一次主动要求加班的原因。他们会在经理下班后自愿加班制作饼状图。在服务式办公室业务中，我们识别出 40 份报告，每一个报表都与企业的主要职能相对应。这仍然需要大量的自动化操作（不可能一口气完成全部）。但在 500 多份报告中，这已经占到 8% 了。企业的合理化将产生更少、更全面的信息片段。假设这意味着有一些会议因为业务人员现在知道的太多而故意跳过其中一些，只要陈述很容易理解，这就不是一个坏事。

发现并简化这个过程

如上所述，数据进入报表的过程也很可能带来冲击，令人讨厌。这是数据治理和数据质量工作的一部分，用不了多久你就会熟悉。但用于创建输出的非正式的、自制的技术可能会破坏你提供单一、高质量数据来源的努力。

数据来源标准化

与其把精力集中在操作上（打开这张表，把数据拷贝下来，然后把他们加在这张表上，再用一个月里的几天来划分），不如把精力集中在尝试和数据源进行沟通上。要知道，这样做会导致报表的变化：销售报表和财务报表将首次采用相同的数据，这样就不会让任何人有可乘之机构建对他们有利的数据。你必须为此进行协商。

做好扩展的准备

这种方法还有一个好处是它具有更强的可伸缩性。在这个阶段，这种考虑并不实际。你有很多事情要做。你为不同的办公室、不同的业务部门、不同的产品重复工作时，你会得到回报。自动化的目标应该是减少实现这一目标所需的配置（如果你必须这样做的话，那就编码）数量。

我会使用工具吗？

工具利用率是非常重要的。举个例子，我曾经使用过WhereScape[1]。它"通过将构建数据管道这样的任务自动化，并把多种工具和各种技能整合为一个内聚性解决方案，来应对数据基础设施项目的一个重大挑战"。2019年，美国商业资讯平台称，该公司表示，"WhereScape 的工具缩短了时间线，产生了显著的投资回报率，并提供了即时的商业价值"。我使用该工具的经验是，不管基础的云计算环境如何，它都可以在系统中自动地找到数据，并且能够根据数据模型来自动生成数据集。

本书的重点并非定义数据架构，重点在于目前有一些解决方案运行良好，而这种自动化和独立于技术环境的能力才是关键。我相信，自动化工具应该是直观的，并且理想情况下应该由数据团队中具有业务头脑的人使用。因此，因此，与其手工建立程式码，不如创建一个数据流和数据流经过的流程图表，使其能够自行纪录。我的经验表明，你可以将70%~80%的数据仓库工作自动化，并将生产率提高500%。根据我的经

---

[1] 数据仓库自动化公司开发的软件工具。——编者注

历，你可以自动完成 70% 到 80% 的数据仓库工作，并且可以提升 500% 的生产力。

这样做的好处是，你可以进行试验，根据最佳和最普遍的效果进行迭代。它还会自动记录你所做的事情。我们在这里跳过了一些技术细节，但有大量的手册会告诉你如何做到这一点。关键这不会成为自动化工作的重点。

使用这些工具显然有沉没成本：将工具应用到一个报告中，雇人手工完成工作更便宜；将工具应用到 50 份报告中，自动化信息收集、信息交流及结果抓取，将节省资金、提高报告制作进度、赢得财务总监的支持。

2017 年，德勤咨询业务主管大卫·赖特（David Wright）告诉英国特许会计师协会，他的公司与客户之间开展的自动化项目非常有效。其中，92% 的受访者发现该项目满足或超出了交付合规性的预期，86% 的受访者表示，这个项目提高了生产率。

赖特还报告称，只有 31% 的人发现 IT 功能一直支持自动化，原因是流程往往会绕开 IT 部门。

接下来我们将利用目前所做的一切来扩展和优化数据特性，所以你可能需要 IT 部门的朋友帮忙。

总结

- 人们根据习惯提取数据、制订手工解决方案，这就导致了许多重复的稳定的项目（尤其是报告）涉及不必要的手工劳动。
- 理解如何创建报告或见解可能会成为该人员工作中从未被

记录的非正式部分。这不利于数据管理，而且当该人员离开时也会出现问题。
- 自动处理过程能够改善质量、适应过程的改变，并处理积压的报表。讽刺的是，这样的优势往往成了不能实现自动化的借口。
- 不要尝试去找出你的企业里已经存在的全部数据，并将其自动化。我们应该首先将其合理化。
- 确保将商业和 IT 部门放到一旁，因为他们会担心工作自动化后会出现问题，IT 部门会有一些必要的工具来帮助你。

第十三章
CHAPTER 11

纵向扩展与横向扩展

你要注意,别把自己搞砸了。既要保持公司的盈利能力,又要将创新融入企业内部,这就给企业提出了新的挑战。数据团队在整个企业范围内复制收益方面的经验可能会带来巨大的投资回报。

> **关键概念**
> - 纵向扩展
> - 横向扩展
> - 资源倍增器
> - 骇客马拉松

概述

肯顿·库尔(Kenton Cool)是我遇到的最鼓舞人心的人之一。除了名字起得很好,他还曾 15 次登上珠穆朗玛峰。他在 2007 年一个星期内完成两次攀登。他还是登顶后第一个发推特的人。雷纳夫·法因斯爵士(Sir Ranulph Fiennes)称赞他是"那一代最优秀的登山运动员"。2009 年,他曾率领法因斯爵士登顶珠峰,并为玛丽·居里癌症治疗中心(Marie Curie

Cancer Care）筹集了300万英镑。同时，他还忍受着1996年时一次登山事故造成的脚跟骨折带来的疼痛。起初，医生们认为他不借助外力就无法行走了。

当然，作为一个数据极客，我最感兴趣的是他在攀登过程中变得更擅长登顶的过程。关键是，假如你正在攀登珠穆朗玛峰，就得找一位曾经登顶过的人来指导你。他知道路线的每一步，如果你偏离了轨道，那他会让你知道。在这方面，本章节中的扩展与和库尔攀登世界上最艰难山峰展现的惊人体能成就差不多。我们不希望把数据转换报告视为一生只有一次的考验。它是一件值得告诉子孙后代的事情。如果我们要对此进行有效的拓展，我们就必须认识到机遇，找到规律（和差异），并在这一过程中指导组织，并且引导企业沿着这个过程前进。

另外，库尔在探险中指导登山者时，他不能代替他们攀登。扩大规模并不是指一个英勇的数据团队突然冲向一个部门、一个子公司或一个办公室，神奇地解决了某个问题，然后带着荣耀的光芒离开。要想扩大规模，你就需要与组织合作。你可以通过自动化来扩大规模，方法包括整合企业内涌现出来的数据技巧、初期的成功所带来的投资，以及你所掌握的全部数据资源。

从速胜到大胜

还记得我们刚开始提到的吗？速胜。再回想一下速胜的好处，我们这样定义："最好的速胜可以在随后的几天里不断积累或被反复使用。"

那一天终于来了。

直到现在,我们把注意力集中在了项目上,就好像他们都是一体的:单一类型的数据问题,要求有一套具有清晰目的的工具或流程。你会发现,最初的数据质量或者仪表盘之类的大型改变都是递增的。转变的过程从不会突然发生。如果你成功了,那你就可以利用这个方法来赢得董事会的广泛支持,然后根据相同的原则去资助一个更有野心的项目。我们已经登上了这座山,还能再登一次。

如果你以为从小事做起,你就可以很快地做大,那就违背了你的直觉。但事实确实如此,如果你提前设定好目标,那么你就可以很快地学会,并且可以看到具体的结果。

如果你曾是一名数据转换项目的负责人,那么你将永远不会缺乏那些希望与你同在的人,因为你是成功的。这样就产生了一个问题:你每天的时间有限,要做的事情已经太多了。这意味着,要想扩展业务,你就不能一夜之间就把每一件事都做到。无论何时何地,你都要为每一个发送电子邮件的人服务。扩大规模是为了使数据团队投资达到最大化的收益。托尼·罗宾斯(Tony Robbins)是一位很有影响力的作家、励志演说家和慈善家,他说:

在企业里,增加收入的速度要大于增加成本的速度。企业有很多方法可以达到这个目的,包括采纳新的技术,以及在业务流程中找到"空白"来进行优化。能够增加收入和增加运营需求,同时保持相同的成本(甚至降低成本)的企业将能够成功扩大规模。

在第五章，笔者对新加坡企业的复印问题进行了讨论。这里有个很好的规模效应：找出你能在一处解决的问题，并将其应用于任何地方，在这个例子中是 3000 个。你可以找到其他类似的问题，并重复上述步骤。

枯燥和重复

这并不是一般的建议，但却是扩大规模的一个重要方面。从外部来看，每个人都能看到你刚刚做的事情和他们想要的那部分业务之间的相似之处。仔细观察，他们往往会高估这种规律。如果某件事有点像另一件事，如果那个项目有几个方面可以延续到下一个项目中，那它就是一个全新的作品。

所有人都可以看出你所从事的工作与他们所希望从事的行业有什么共同点。如果仔细看，就容易把这个定律估计过高了。

> ▶ **如何衡量：适合规模**
>
> 让我们以数据转换的基本项目——在第九章中介绍的单一客户视图为例，讲一下我们需要做什么工作？
>
> 1. 数据治理。准确描述的唯一真相来源。
>
> 2. 数据质量。记录以前的互动和客户各方面的知识的完整度和准确度。
>
> 3. 黄金 ID。具备唯一标识的单个客户记录。
>
> 4. 影子数据。收集的数据都是由数据团队管理和验证的。

> 5. 从企业购买。尽管许多人可能不是数据专家，甚至不是特别懂数据，但他们不会设置障碍。

如果你所从事的工作的根本目标能够被充分地模仿，那就是扩张。如果你已经完成了这个项目的第一阶段，例如，使用单一客户视图来确定哪些客户在业务的某个领域是有利可图的，你就会意识到这涉及一些相当繁重的工作。但是，如果你的数据被信任用来作为决策的基础，并且数据的采集和验证越来越自动化，那么我们可以很谨慎地把这个功能推广到你的企业。

任务：选择如何以及何时进行扩展

我们有两种扩展方式可选择。如果你担心它们不会成功，就不必进行规模扩张。

评估需求、成功的前景和你将遇到的交付限制是很重要的。

扩大规模：在其他地方复制一个已确定的项目

有些项目将此作为自然选择。我曾为一家在非洲 23 个国家运营加油站及油品供应的能源公司工作，工作任务是通过大数据来提升零售业的效率。我们打算捕捉客户的数据，然后根据大部分人的购物习惯和季节性的需要，来确定客户还有哪些其他的需求。

要做到这一点，除了要创建高品质、可信赖的资料外，我们还要保证企业各部门都遵守同样的过程、采用同样的标准。

失败的潜在原因就在于很多企业缺乏这些品质。项目执行过程中的各个方面都会有一些改变,这可能会给治理带来挑战。此外,各地在管理数据获取、共享和使用的法律以及习惯和规范方面可能存在差异。

> ▶ 纵向扩展
> 指通过跨业务复制成功的流程来增加数据的价值。

向外扩展:找到一个相邻的活动

这可能更具挑战性。数据能力提供了跨业务创新的机会。因此,单一客户视图有助于加深现有的关系——经济学家称之为"密集保证金"。

这个项目的潜力在于,从数据的角度来说,你可以以一种全新的方式使用同一个单一客户视图。在新的活动之前你可能只访问了一小部分数据,所以这可能是团队能力的一次大升级。

你要注意两件事。第一,在客户没有和我们做生意的时候,要能够提供更多有关客户消费习惯的资料。第二,各自独立运作的两个业务部门之间要密切合作。你要依靠这些业务部门的经理们传播数据和改变根深蒂固的习惯。这是朝着建立数据驱动的文化迈出的一大步,是我们的最终目标。

> ▶ 横向扩展
> 横向扩展是指通过发现流程的新应用程序来增加数据的价值。

知道什么时候该说"不"

如果你已经证明了自己能成功，你就会提出更多的需求。这并不意味着它们就是好主意。在这一点上，你会受限于数据团队的规模、企业中数据的知识，甚至是数据的数量和质量（总是在进行中的工作），以及业务的执行能力。

也就是说，你应该认真地评估如何分配精力，并且自信地说"我们不会在今天就把它搞定"。

危险信号很可能与我们上面列出的属性是相反的。如果你可以访问的数据没有达到要求的质量，或者你不确定它告诉的是否是事实，就把它作为决策的更广泛的基础是不负责任的。如果有隐藏的数据活动，或管理人员对你所从事的工作有抵触情绪，那你的工作就不够出色了。这也会耗尽你的全部资源，使数据转换过程脱轨。

一个强烈的（礼貌的）拒绝可能是解决这些问题的导火索。不管是不是这样，都不要被压力逼得太快，因为这意味着你要花更长的时间才能实现目标。

利用你的资源倍增器

扩展并不意味着要给你的数据小组添加新成员。这是你最不想要的：这会给你带来额外的行政和报表负担。这将耗费预算。这就意味着雇佣暂时停止。这就意味着，当你想要继续前进时，一组新的成员需要明白自己的工作和职责。

然而，还有一个问题，此时需要完成的工作远远超过了数据小组所能处理的范围。自动化与你同在，但自动化并不意味着实施。到目前为止，你可以利用的最重要的非技术资源是企业其他部门的人员与数据团队合作的意愿。在第四章中，我们讨论了数据团队中思想和经验的多样性的需要，以及问题解决者的实际和适应性的需要。

随着公司规模的扩大，你需要发现和发展与你的企业相关的技术。你不必拥有与数据小组同样的水准和精力，但是你应该认识到并鼓励他们保持同样的态度。它们会让你的资源倍增。我经常会找到和业务操作有关的东西。在运营方面，团队了解阻碍因素、文化和挫折。他们知道什么行得通、什么行不通。他们已经习惯了权衡事情的轻重缓急。他们的目标通常与我们的一致。这是一种自然的伙伴关系。

▶ **资源倍增器**

指了解数据团队的需求和价值，同时对特定部门或职能也有深刻了解的业务人员（通常是运营人员）。业务人员可以与他们一起工作，以实现其目标并加速部署。

企业中也会有数据爱好者，但他们不是数据团队的一部分。虽然我不鼓励不受管理的影子数据，但让人们认识到数据可以以新的方式解决他们的问题的态度和动机正是你在这一点上所需要的，因为扩大规模的第一步是定义和解决你将如何交付他们需要的能力的问题。

问题还是：你怎样才能激发这些团队的积极性？怎样才能突破他们固有的思维模式，为企业提供价值呢？要做到这一点，你需要写一份冗长的报告，展开讨论，然后得到批准。这些过程绝大多数人都不会去读。但是，很多此类计划都是如此。这往往是许多此类项目的结构方式。这样做并不能解决问题，因为当你最需要商业上的协作和感情上的投入来取得成功时，无论他们是否愿意，数据转化都会给他们带来影响。

我们应该讨论到目前为止我所知道的利用数据社区最有效的方式：骇客马拉松。

▶ **骇客马拉松**

指一种许多人聚在一起编写或改进计算机程序的活动，通常是为了一个非常具体的目的。它可能是一个组织的人，也可能是一家公司的供应商。它被视为一种通过打破通往成功的常见障碍来快速解决问题的方法。

案例分析 | CASE

脸书（Face book）骇客马拉松

挑战：加速创新

脸书公司必须扩大创新规模。构建结构和设置管理层级对于提供稳定、一致的产品至关重要，但这可能会阻碍该组织所重视的工程文化。问题是如何萌生伟大的想法并快速实现它们。

分析：集中火力解决问题

脸书公司从不缺少有才华的软件工程师。经常被提及的问题是他们抗拒权威。不管这是不是真的，创造一个空间，让他们在没有明确目标的情况下纯粹地解决问题，他们才有可能产生强大的新想法。

行动：骇客马拉松开始了

第一届脸书通宵骇客马拉松始于2007年，之后会定期举行。这场比赛的安排体现了马拉松的文化：比赛从晚上7点开始，到第二天早上6点结束，其间还会供应一些外卖食物和许多零食。这些活动过去、现在都对所有级别的专业人员开放，包括可以与团队合作提供专业知识的非编码人员。其理念是，来自不同业务领域的人在一起工作，而在正常情况下，他们永远不会见面。他们还会举行一个"原型论坛"，让不同的团队展示他们的想法。

成果：大幅提升创新能力

脸书用户认为理所当然的一些功能，比如时间轴、"点赞"按钮，以及在评论中给人贴上标签（很明显，这是一位实习生的创意），都是在这些活动中被创造出来的。

任务：组织骇客马拉松

你的机构不大可能具备像脸书那样的代码和数据处理功能。公司里也可能没有那么多想在办公室里扎营过夜的人。但是，真正使"骇客马拉松"成功的，并非狭隘的比赛规则，而是赛事的组织架构。在过去的几年里，我曾在许多案例中使用过许多次"骇客马拉松"，而他们也提供了一些我们可以进行革新的方法。参加这些活动很有趣、很愉快，这要比在会议上问"你能不能跟我谈谈你们对这个项目的期望？"强得多。

你会如何组织一场有效的骇客马拉松？

不仅仅是规模的问题

最终，我们想办法使数据变得更有价值。但是，规模由数据团队来决定。在骇客马拉松中，重要的是创造出值得规模化的创意。关于脸书公司的态度，有一点值得注意，那就是它的工程师只要有想法就行，然后他们会将其付诸实践。

加入业务单位和职能部门

在计划骇客马拉松时，你要打破偏见。因此，与会者应该包括市场营销、运营、财务、人力资源，以及所有每天与数据打交道的人。他们都有同样的挫折，所以要好好利用这一点。这意味着你要故意把各类人员聚在一起。

尊重时间

我们必须尊重人们从日常工作中抽出时间来帮助解决问题的想法。与运营和面对数据的人一起工作还意味着，当你交付结果时，他们是理解自己贡献的价值的人。脸书公司的骇客马拉松花了一整晚的时间，但对你的骇客马拉松来说，一个下午或一个晚上就足够了。你要在当时奖励他们，比如提供食物——一些啤酒和葡萄酒。他们提供了宝贵的意见，你要利用奖励来建立友谊。

考虑所有想法

一开始，你要相信大家会想到一切有用且有价值的好主意，不要分配团队，也不能要求硬性的交付物，让团队找到他们的什么共同之处。比如，在某个部门中找到了另一个团队所需的数据。他们怎样共享？怎样利用？这样做是否可行？是否合法？这些都有待进一步研究。

设定一个雄心勃勃的目标

骇客马拉松是要有目标的，但要宽泛。举个例子：我们如何利用我们的单一客户视图来增加收益？总体目标需要与数据和分析策略保持一致，让每个人都能从大局出发。

与编码无关

许多来自数据世界之外的人认为"骇客"是一种技术，并专注于它的负面含义。你要确保每个人都知道这个词最初的意思是描述创新的解决问题的方法。脸书公司的骇客马拉松主要围绕编码展开，因为这是脸书公司传递产品的方式。但其真正的价值在于其理念：当脸书公司的骇客马拉松传递了工程师们每次在代码中发现一个故障就会获得一个宝可梦手办或玩偶作为奖励的理念时，这实现起来并不难。这一成功的创新抓住了这样一个观点，即工程师们的动力来自他们可以炫耀的幽默和被尊重。管理层会议绝不会考虑这一想法。

不要阻止他们

如果你把编程技巧和数据技巧融入"骇客马拉松"的队伍中，那效果将会大大超过人们的期望。因为骇客马拉松的刺激部分是它鼓励某人说，"等等，让我们看看我们能不能造出来"，并开始创造一些新的东西来展示给团队。很多创新都只花了很短的时间，但如果你能从数据中发现新的视角，或将两者整合在一起，就能为企业带来更高的价值。这将是令人惊讶的。

评估之后

当然，你要让参与者表达他们的想法并能得到反馈。你的评估（以及分配预算和衡量合规等事情的人的评估）将紧随其后。你要迅速进行评估，并公布结果。对于黑客来说，知道自己创造了一些东西是一种美妙的感觉。他们理解你是如何帮助他们做到这一点的，这对你来说也会是一种很好的感觉。

规模化的红利

"骇客马拉松"是一种谦虚的说法。你是靠着自己的努力才能有所进展的。构建数据社区是迈向数据文化的一大步。那些参与到骇客运动中的人，都将成为你的数据文化勇士。

你的限制因素是你日常的工作时间，以及数据团队的人数。你想要足够的资源，但是一支军队规模的数据团队却违背了数据转化的有效性。这是他们强加给商业的。这就会带来更多的阻力，因为数据转换对商业的影响越来越大。处于商业前沿的人们也许不愿意为你所从事的工作提供激励，或拒绝开发有助于你和其他人员交流的数据技巧。

随着你扩展了创新的影响力，你还可以把更多的工作授权给数据团队之外的人员（你的资源倍增器）来扩展你的影响力。如果他们感到他们的行为对他们有意义，他们被信赖、被看重，并且你的创意通常都是他们的主意，那他们就会获得成功。从第四章开始，我们就可以看出，数据转化是一个团体游戏。

总结

- 一个业务部门获得了成功，在其他领域或流程中复制成功的能力提供了潜在的巨大投资回报。
- 数据团队对这些过程的了解是快速有效地应用它们的一个重要因素。
- 你可以使用类似"骇客马拉松"的技术来众包规模化的想法，将整个数据社区汇聚在一起。
- 由于扩展会让你的成果更明显，所以这些行为也会帮助你建立起数据转换的重要意义。
- 实施要求商业上的协作，尤其是在企业内部，只要能迅速地进行协作。
- 实现需要业务的合作，特别是内部的盟友，前提是合作要快速发生。

第十四章
CHAPTER 14

优化

数据驱动的文化会带来组织上的变化。这一强有力的变化也会导致矛盾。尽管存在着大量的机遇，但是它也会改变很多人在企业中所扮演的角色。这也是一个引爆点：企业的发展正以数据为导向。

关键概念
- 非中介化
- 直通式处理

概述

20世纪90年代，美国运通公司在印度外包了一些业务流程，并聘请了一名注册会计师拉曼·罗伊（Raman Roy）负责该项目。数十年之后，罗伊作为印度业务流程外包的先驱而闻名。如今，他担任 Quatrro[1] 全球服务公司的董事总经理。这家公司致力于让印度毕业生和专业人士为其全球客户提供价值不

---

[1] 德国的一家机械公司。

断增长的、以数据驱动的流程。我们中的很多人都对业务流程外包抱着一种厌倦的态度,可能是因为糟糕的商业经历,也可能是因为我们的客服中心效率低下。但是,经过多年的发展,流程外包行业的发展并非完全依赖于非熟练工的工作,印度尤为如此。2005年,普华永道公司报告称,"外包的目的已经从简单地降低成本,转变为实现流程改进和提高效率"。

大约在那个时候,罗伊已经从美国运通跳槽过来,在Wipro Spectramind[1]公司推行了一种名为"Pragati"的方法。"Pragati"一词在印地语中代表着持续改进的意思。这在他的美国和欧洲客户中很常见。在赢得一份合同时,他的高管们确保将客户的流程详细记录下来,然后把它们准确地复制到印度的一家专门为他们提供服务的中心。在一个案例中,一名雇员通过了5000英里以外的测试,他是一名英国公司的保险承销商。在另一个案例中,科学家们建立了一个基因组数据库。他们把自己的工作外包给那些在穷国工作的人。这是一种带有蔑视意味的观点。这样的外包带来的好处通常很小,而且随着其他地区工资成本的上升,最终会完全消失。与此同时,你的低效也被写进了强制执行的合同。

Pragati 包含了许多种方法。罗伊的客户们发现,Wipro Spectramind 公司从三个月前就开始了对流程和品质的传承,没有任何的偏差。在此期间,他可以学习什么是低效的、什么是可以改进的、什么是可以被彻底抛弃的,以及需要在数据收集和处理方面做出哪些改变。三个月之后,WiproSpectramind

---

[1] 印度最大的后勤外包公司,为客户提供会计、保险索赔、呼叫中心、后勤保障、软件开发等外包服务。——译者注

将会逐一实施这些改进，并得到客户认可。由于有了基准，用户可以通过该优化流程来测量改善效果流程外包可以帮助企业找到自己所管理的数据，并绘制出其流程。它也可以帮助企业开始一个进程，以提高数据质量和治理。但它最大的价值是：能够利用数据团队新获得的能力，重新设计和优化依赖数据的流程。要做到这一点，你不需要把流程外包出去，但你确实需要罗伊这样的明眼人帮你分析哪些地方可以改进、如何改进。这就是我们下一步的工作。

最好的意图并不是最佳的

数据团队到目前为止取得的成功也许会激发更多的请求，你应让他们参与到业务的离散领域。团队通常要做的事情太多，而且使用的数据质量远远低于人们的预期，因此，任何改善都将打破效率的界限。这正是速胜和单一问题运动的目标：既有明确的任务，又有较好的结果。

如果数据团队已经组织了一场骇客马拉松，或者创建了诸如"单一客户视图"之类的功能强大的工具，或者开始使用自动数据收集，那么很多人就会产生这样的疑问"要是……会怎样？"

- 如果我们基于新的细分市场重新设计我们的营销会怎样？
- 如果来自销售电话的信息自动触发后续响应呢？
- 如果我们能识别出可能是欺诈的不寻常的客户行为，那我们能更快地做出反应吗？

从某种程度上说，这些都是数据问题。但是，更重要的是，它们是流程问题。

对流程进行优化所面临的一个挑战就是，最初并不存在这样的流程。这件事总有解决的方法。它来自对数千个小型挑战的解决方法，并最终成为一种习惯。它们被固定下来，因为人们被招募来执行它们，他们互相学习。IT 系统已经到位并进行了配置，并非因为这是最好的方法，但我们总是这么做。

如果有一个过程，那么这个过程很可能是确定的，并且需要被再次检查。对优化的需求并不能说明企业存在重大问题。克莱顿·克里斯腾森（Clayton Christensen）提出了"颠覆性创新"这一术语。他对为何好企业有时也会倒闭进行了研究。1997 年，他提出，"聪明的公司之所以会失败，是因为他们做的每件事都是对的"。

善意的人各自负责自己的那部分过程，并把完成的任务扔过栅栏，扔给业务的另一部分。若干年后，他们将能够看到自己做错了什么。但当我们全神贯注于完成工作的日常工作时，这一点就完全不明显了。更糟糕的是，如果有人出现，建议我们打破"成功"的过程，我们可能会本能地拒绝这个想法。

这就是"合成谬误"。把一项任务的许多小组成部分做得非常好，并不意味着我们优化了整个任务。

任务：规划一个优化路径

优化需要一个清晰的商业案例来记录你将要采取的行动。

记录非正式流程

正如我们所看到的，许多过程只存在于习惯中。除非你发现是谁创造了数据、谁捕获了数据、谁处理了数据、谁从数据中受益，否则你真的不知道从哪里开始。好消息是，你以前的许多活动（最明显的是治理）将揭示这些步骤中的大部分。

做好衡量结果的准备

如果有一个需要优化的过程，那么你需要明确（并与所有涉众达成一致）改进的衡量标准是什么。这可能会有不止一种方法。一方面是技术目标：花了 3 天时间的工作现在只需要 15 分钟即可完成。另一方面与此相关的商业成果是可以被衡量的。如果改进是成功的，那么我们希望你的公司扩大市场份额、拥有更多满意的客户、削减成本、减少浪费，并能够衡量这些成果。这必须与数据和分析战略的优先级保持一致。我们第一次讨论这一点是在第六章，当时我们在分析一个成功的项目的文档化。

确定数据竖井

最佳化要求能够合并数据或者将数据暴露给新的受众。流程次优的原因之一是，数据存在于业务的某个地方，只是不在需要它的地方。要想修复这一点，就必须有更多的管理者介入，然后才能使数据变得有用。这还需要数据团队理解数据如何组合的约束条件（GDPR 可能会决定这一点），以及从长远来看什么是道德的或明智的。但是，仅仅因为可以实现产生收入的优化，并不意味着它就应该实现。

不要忽视数据获取

这种优化分析可能会揭示你根本没有在第一时间捕获数据。例如，如果你对客户不够了解，就不可能进行更好的细分。如果销售团队需要保护自己的数据，那么更好的优先排序和分配潜在客户的方法是不实际的。

小心翼翼或者根本不把数据输入系统原因可能是（相当理性的）对去中介化的恐惧。

▶ **非中介化**

它是一种通过自动化重新组织数据的过程，可以减少作业的发起和执行之间的时间。它可以提高效率，但会减少员工完成或监督工作的需求。

任务：克服阻力

如果你要引导一个带有数据的优化流程，那么这样做的速度并不快，也并不轻松。但这会带来变革。

使用数据团队的适当技能

优化技巧在很大程度上与做无关。有能力再制定过程的人是最合适的人选，他们可以后退一步，并提出"如果我们这么做了，结果会如何？"。这要求其具有良好的商业知识和能够与使用数据的人员有效交流的能力。过多的"行动"技能可能会妨碍横向思维。

从管理人员那里获得支持

为了实现优化的好处，数据团队可能可能会在对工作流程进行全面的重新设计时需要一些帮助。最起码，数据团队需要了解流程的运作方式，并调查其中的细节。这意味着，无论谁管理流程，都需要参与其中。同样的道理也可以用在人力资源部门上：你的介入可能会导致对员工的需求减少，因此你会成为一个过程的一部分。这可能会导致工作描述的改变，或者裁员。这需要妥善处理。

要清楚这可能会改变工作的性质

优化很容易给要求你干预的人带来不可预见的后果。想象这样一个场景：一组人员收集资料，编写深入分析的文件供销售小组使用。但令他们感到失望的是，由于销售队伍的工作效率太低，导致他们的工作效率低下。他们让你自动获取数据，然后你就这么做了。尽管这样做的效果不大，但是还是有一个问题：文件中的信息常常被忽视。但是，既然你已经掌握了这些数据，为何不能让销售团队拥有一台能自动产生接近实时数据的仪表盘？如果在此同时还涉及佣金和潜在客户，那这将是整个销售小组的工作重心。这将大大改善延迟时间、降低行政费用。但是，这样做也会让一些寻求你帮助的雇员失去机会，所以你要和管理层以及人力资源部门一起来保证这个流程被承认并被管理。

做好处理冲突的准备

综上所述，很明显，阻力可能会在各个层面向你袭来。这些都是你自己无法解决的挑战，因此你需要董事会的支持。我职业生涯中有一次转败为赢的经历，那是因为我在之前的项目中找到了很大的成长机遇，并且找到了一条清晰的途径来达到自己的目的，并且有很强大的商业案例。

有一点很重要，那就是如果你的数据小组不愿意接受这种转化，你的工作就会变得很糟糕。因为优化可能意味着有人会失业。这是由其他人（你希望是首席执行官）来做出的判断。你可以把首席执行官的回答理解为董事会对你的支持或否定。

你也许会自问："我为何要参加这项计划？"这是因为，在这一阶段，你可以为建立一个充满活力、未来有保障的机构。

自动化的局限性

优化还可能意味着专注于数据不能做的事情。直通式处理就是一个很好的例子。例如，在金融过程中决定是否发放贷款时，它是非常高效和有效的。但是，对所有的贷款都这样做是不高效的。

> ▶ **直通式处理**
>
> 在此业务流程中，组织无需人工干预即可获取数据并使用数据触发操作。它最常被应用于金融服务，需要完整和准确的数据。

例如，如果 80% 的抵押贷款申请可以使用直通式处理进行审批，而另外 20% 需要人工审核，那么设计一个试图将 100% 的贷款自动化的流程可能存在问题，容易受到操纵或欺诈的影响，或者只会产生次优结果。

在这种情况下，最优的过程是通过自动匹配可以自动化的内容，并向那些必须做出非自动化判断的人提供最佳质量的数据，从而消除繁重的工作，并不断衡量业务结果，以决定是否可以进一步改进流程。

一个转折点

我们已经到了工业化进程的终点。现在很明显，我们正处在一个转型产生自己动力的时刻。自动化、扩大规模和优化增大了数据团队角色的风险。

成功回报率更高

这是在推进效率的边界。将一个过程中离散元素的效率提高 10%，意味着你最多能获得 10% 的结果效率提升。但重新设计流程也意味着这种新的效率水平将变得更高。

你的干预更加明显

如果你提高了过程中的数据质量，那你每天的工作也许会变得更好。更好的报告意味着所有人都能从中获益，但这很快就会变成常态。如果企业的经营模式发生变化，这将给董事会带来机遇，给竞争者带来威胁，同时也是对其他员工的一种混合干预。这些人的工作也许会有所改善，也许会彻底消失。

成功的首席数据官有很多朋友

在这一点上，首席执行官、首席财务官、首席运营官都可以清晰地认识到自己的工作所带来的价值。通过这种方式，为将来的项目融资会变得更加简单，你能够更好地理解一个数据驱动型企业的愿景。你已经为了实现这一点挣扎、付出、奋斗了无数个夜晚，一定会深有体会。

喜欢这种感觉的你做了一件了不起的事。不过，还有很长的路要走。

总结

- 公司各部门的成功可以粗略地描绘出一个公司重新洗牌和繁荣的图景，而这一切都是未经优化的。有时，你需要对整个过程进行重组。
- 识别和记录流程或数据竖井很可能会激发业务结构的巨大潜力，从而充分发挥数据转化的作用。
- 这既不是技术问题，也不仅仅是数据挑战。这需要执行团队和人力资源部门的承诺和帮助。
- 优化可以实现非中间化，但它也可以为熟悉工作的员工创造空间，让他们专注于需要自己判断的工作。
- 这是一个临界点。在这个临界点上，数据开始推动不可逆转的变化。

PART 5

第五部分

第四个阶段：实现

渴望 → 成熟 → 工业化 → **实现** → 区分

迄今为止，我们建立了一种完全不一样的机构。在这种机构中，随着工业化浪潮的到来，数据能够建立起一种持续改善的文化。我们已经进入了自动化的阶段，并且我们的投资也开始产生重大的价值。

我们可以集中精力，通过增加数据、分享数据，创造强有力的分析功能，来获取更多的收益。

但是，在这个时候，我们也必须面临创新的风险。我们要利用好数据团队已经赢得的对数据过程的信任，因为现在的项目更具有转型性，同时也不可避免的带有实验性。

VBI 模型在这一阶段的活动包括：

价值。为了显著提高价值，数据转换需要将内部活动与客户和合作伙伴的活动整合起来，并创造分析能力。很多基础工作已经做好，可以帮助我们在这个阶段实现价值。

构建。我们将建立更多让人期待的数据科学、人工智能和机器学习能力，与客户和业务合作伙伴建立链接。这反过来将增加风险。我们要加强对数据的审查。

提升。在这个阶段，我们需要从客户和业务伙伴那里获得反馈，因为它很可能会为企业带来变革。这需要被整合到我们的业务流程中。

第十五章
CHAPTER 15

客户之声

外部数据、社会数据和市场研究都能让我们更好地理解客户。但是，这些来源必须先和已有的数据相结合。

> **关键概念**
> - 客户关系管理
> - 客户之声
> - 跟踪调查
> - 中断
> - API
> - 流式 API
> - 情绪分析
> - 净推荐值

概述

众所周知，消费者喜欢货比三家。许多企业都会对客户忠诚度感到吃惊。

以美国为例，2017 年的一份调查显示，大部分商店顾客购买甜品的动机并非来自对品牌的忠诚，而是来自他们所喜爱的甜品和防冻剂。研究人员发现，圣路易斯地区 83% 的消费者会选择去 4~9 家不同的商店购买生活用品，不到 1% 的家庭只光顾一家商店，而 6% 的家庭光顾过 10 家或更多的商店。研究报告的作者之一、圣路易斯华盛顿大学奥林商学院客户分析和大数据中心主任 P.B. 塞塔拉曼（P.B.Seetharaman）的回应很平淡，他说："我们发现人们对商店的忠诚度并不像我们想象的那样高。""很明显，人们拥有多重选择。"同时，研究还发现，这种现象并不只是交易性的，还受多种因素的驱使。一些消费者受到便利性驱使，只在离家近的地方购物。与之相对的是"挑剔者"，他们会剪掉优惠券，喜欢花费大量精力寻找最优惠的交易。

别以为只有购买杂货会这样。很多企业本能地高估了客户忠诚度，这是因为企业只有在决策的最后一步，也就是交易或者消费的那一刻，才会接触到大部分的顾客。企业的整个流程都是以品牌为中心的。无论是买车、租电影、选择设计师品牌、签订电话合同还是点一杯啤酒，都是如此。

聪明的企业会倾听来自客户服务部门的反馈。这样就可以形成一套完善的客户关系管理方案。它用单一的客户视角和入站沟通，以及观察到的行为，来更有效地进行市场细分和营销。

▶ **客户关系管理**

指企业监控和改进与客户交互的过程，通常使用交互过程中收集的数据。

但是现在，你的数据转换可以更进一步，关注客户在没有与企业交易的情况下对企业说了什么。整合这些数据是更好的数据分析和战略思考的先决条件。

听到他们的声音

"客户之声"是一个比你想象的还要新的学科。它起源于 1993 年芝加哥大学的阿比·格里芬（Abbie Griffin）和麻省理工学院的约翰·豪泽（John Hauser）在《营销科学》（*Marketing Science*）上发表的一篇论文。他们相信，市场部门只是简单地利用了一些数据来获取客户的大致要求，而这些信息并不能很好地帮助企业提高产品质量。他们需要更多的细节，才能对交互进行改进。

▶ **客户之声**

在全公司范围内捕捉客户的期望、偏好和厌恶的努力，并将其作为一个持续的过程来创造更好的产品和服务。

一个重要的问题是，企业常常不知道客户在做些什么，因为客户并没有向他们购买产品或者与他们交流。这就带来了一个问题：客户是如何向别人推荐产品或者服务的？为什么客户会转而去别的公司？客户对其他人介绍了什么产品或服务？哪些外在因素可以使客户离开，或使客户继续光顾？

当我们以这种方式呈现问题时，问题似乎很明显。但令人惊讶的是，我们常常假设我们内部生成的数据就是我们所需要了解的全部，而我们绝不能做出这种假设。

我们很高兴能在车上安装传感器，它能产生关于油耗、燃料效率或者驾驶方式等方面的信息，并把这个信息反馈给制造商，从而帮助司机或使其变得更好。但是，2012 年，英国皇家汽车俱乐部基于调查数据研究的一份关于英国汽车使用的报告发现，英国每年有 250 亿次汽车出行，平均每辆车每周出行 18 次。这意味着，英国汽车平均每周在路上行驶 6 个小时。即在 96.5% 的情况下，传感器没有任何可报告的信息。它们无法描述我们不开车的时候做了什么，或者我们为什么决定今天不开车，或者我们有多大可能开车用汽车来完成一项任务。

这些信息和制造商获得的数据一样重要。这就是为什么把高质量的内部数据与外部来源结合起来，或者创造获取数据的新方法的项目在这一点上是有价值的。但是，是哪些来源？如何获取？要达到什么目的呢？

使用其他数据来源的原因

还有很多其他的数据来源，但为了本章的目的，我们将它们分为三类。这不是一个详尽的列表，我们将在后面的章节中研究其他一些外部数据来源。

竞争对手在做什么？

竞争对手的数据（他们的定价、他们的业务以及人们对他们的看法）会为我们提供其竞争优势。但它往往只被捕捉到一个一次性的项目、一个定制的简报、一次会议，而且研究从来没有重复过。将这一数据收集过程自动化并重复进行，被称为竞争性跟踪调查（或跟踪器）。相关跟踪器可能会捕获定价数据，或对其产品系列的特征进行比较。

▶ 跟踪调查

一项定期（每日、每月、每季度、每年）收集公司经营的市场一致信息的行为。这些信息可能包括竞争对手的行为、客户反馈或市场趋势。通过它，企业可以识别发展趋势、对比竞争者、识别威胁。

客户在不交易的时候在做什么？

如果交易不频繁发生，那么这个问题就特别重要。例如，超市每周都与顾客进行交易，因此可能能够根据这些互动发现顾客品味的变化或新趋势。但是，在消费者决定更换冰箱或洗衣机之前，他们可能不会与卖给他们的零售商进行互动。这意味着零售商不知道产品是如何被使用的，除非有问题。这也意味着它对顾客行为的趋势所知甚少。销量的突然下降可能是对手竞争的结果，可能是定价或质量的问题，也可能只是因为制造商专注于内部系统时，客户的口味发生了变化。

一些数据源还可能包含重要的信息，有助于业务功能的可持续性。我在一家博彩公司扩展了单一客户视图，以识别潜在的问题投机者。

人们是怎么看待一个品牌的？

这可能是数据拼图中缺失的最重要的一块。如果没有令人信服的理由让客户在交易后与公司保持联系，内部数据就会错过客户的情绪，不能呈现客户是希望产品更大、更安静，还是希望产品有另外不同的特征。

如果我们对某种产品或服务有些失望，那么我们通常不会努力告诉它的制造公司。相反，下次我们只会从另一家公司购买，同时我们可能会阻止其他人购买。产品或服务可能有点太贵，可能不够可靠，或者某些地方的说明可能有点难以遵守——这些信息中只有一小部分会通过客户投诉返回到零售商。通过口头传播可能会对销售产生巨大影响。

每一个问题都至少有一个解决方案。

了解竞争对手

如果你的企业有一个增长战略，而且多亏了数据团队很好地执行了这个战略，而且没有直接的竞争对手——好吧，那你就开心了。不过，这种情况不太可能发生。即使是这样，你的企业也不太可能持续下去。

因此，把一家公司的竞争力与一系列竞争者相比较的能力，应当被列入数据及分析策略中，因为这无疑是企业整体战略的一部分。这就意味着你要进行效率的比较。你也可以对同类产品的质量进行比较。当然，你还可以对流程的效率进行比较。

它还可以暗示观察数据转换的状态：有多少业务是在线交易的？竞争对手是否找到了你的业务没有找到的利基市场或细分市场？他们是如何打折的？市场研究可以揭示这些趋势，但当它成为与报告和业务流程集成的自动化数据并被定期交付时，这种研究将发挥更大的效力。

市场调研的一个潜在弱点是，它只是付费获取的数据，与现有的客户关系管理集成得很差，因此从未被用作决策的参照。重要的是企业要用它来创建警报和阈值，作为行动的号召。如果它不适合这个目的，企业就应重新评估这些数据是否有回报。

这并不代表所有的市场研究数据都必须与运营数据紧密结合。它可以提供一些新的竞争趋势的信息。在前一章中我提到了克里斯滕森，他对颠覆概念做了大量的原创工作。保护你的公司不受颠覆性趋势的影响就是一个例子。

▶ 中断

在中断过程中，具有新颖商业模式的市场进入者挑战并取代行业现有者。由于该产品或服务没有传统属性，在位者认为进入者的产品或服务不构成威胁，直到后来觉察到威胁时为时已晚。

这种对颠覆性的描述在商业中被宽泛地用于任何竞争压力。克里斯滕森关于来自创新产品或新服务的竞争挑战的概念更具威胁性。颠覆者的影响根本不会在内部数据中体现出来，如果在任者在销售时从现有客户那里获得了反馈，那就不太可能成为当时对话的一部分。但展示累积变化的定期调查，可能会捕捉到这些信息，因为它很容易错过小的增量变化。

网络抓取是一种以自动方式收集结构化网络数据的过程。它也被称为网络数据提取。网络抓取的一些主要用例包括价格监控、价格情报、新闻监控、领先客户生成和市场研究等。这些可以手动完成，但我们知道这样做效率很低，且容易出错。为了实现自动化，我们可以使用名为 web scraper 的软件工具，其设置是为了找到数据并将其复制成结构化的格式。

另一种将寻找竞争数据过程自动化的方法是使用 API。现在它被广泛用于公司自动从业务合作伙伴那里提取数据，无论是否获得明确的许可。在 API 经济蓬勃发展的同时，API 数据泄露事件也层出不穷。《福布斯》(*Forbes*) 报道，美国专业用户信用评估中介 Equifax 公司违约成本仅 2019 年就达 11.4 亿美元。这意味着外部组织正在使用自动化工具从公司提取数据。如果公司知道的话，那它们是不会批准的。这听起来像是未经授权的入侵者，一些流量的确是这样。但据《福布斯》的报道，其中大部分只是自动化操作的结果。

举个例子：酒店网站吸引了大量非正式的机器人活动，旨在利用 API 提取客房价格。这些信息可以被竞争对手的酒店用来设定低于竞争对手的价格，或者被聚合器用来提供有关定价的信息。

▶ API

提供对应用程序的数据或其他服务进行访问的通信协议。组织可以选择提供 API 来允许业务合作伙伴、供应商或客户访问他们的数据。

客户的行为

如果你想收集数据并使用它，你必须获得关于你收集什么数据、如何收集以及为什么收集的明确许可。这不仅仅是关于监管。如果客户觉得数据采集是侵入性的（如弹出太多调查），那么获取关系数据的过程对关系本身是有害的。

但是，你的数据团队（或代表其工作的第三方）还是可以合理地获得对企业重要的洞见。一个典型的例子是发现客户在不同的时候选择做不同的事情：在不同的地方购物，采取其他的出行方式，吃不同的食物。快速知道这种情况发生的时间是提供折扣或激励的计划的一部分。

并不是所有的客户行为都需要被单独追踪。例如，IBM 公司的服务数据显示，在美国，经营连锁超市克罗格公司跟踪了其产品与竞争对手的近乎实时数据，并跟踪了客户行为。价值不仅是关于他们所做的销售（它可以从自己的系统中找到这一点），而是关于整个购物体验的趋势，包括在购物篮中购买了什么其他产品、一天中的时间以及关于顾客简介的信息。

社交倾听

使用外部数据的另一个例子是社交倾听：在社交媒体上发现客户对企业、竞争对手以及与企业业绩相关的话题的看法。使用社交倾听拥有巨大的前景，但也有许多方法上的障碍。

概念很简单：一些社交媒体只受平台规则的限制，任何人都可以参与其中。用户通常会自愿对他们使用的产品、服务和品牌发表意见。这可以激发网络中其他人的赞同或反对意见。

如果我们意识到这一点，那么它就具有两个维度的价值：在基本层面上，客户服务可以监控这些平台的个别问题，并作为增强的客户关系管理功能的一部分进行响应。这是有价值的。社交倾听还有另一个价值来源。在总体层面上，它是公众经历和信仰的重要晴雨表。它不是一个完全具有代表性或完全可靠的（我们将讲到）方式，但你可以实时听取人们的意见，而不像在其他形式的市场调查中那样存在偏见。

没有客观的市场调查数据，无论获取得多么仔细。一切都被这个过程污染了。例如观察者偏差，即受访者会因为被观察而改变自己的行为。我们不能正确地记住我们做了什么或为什么这么做，即使我们认为我们做了。如果研究人员问了一个我们没有明确看法的问题，我们的大脑通常会介入并创造一个问题。这就是基于客户实际行为的可靠数据如此重要的原因之一，因为这些数据往往与他们所说的、做的或将要做的不太相符。所有的社交媒体网络都会将其数据的流式 API 提供给分析机构。有很多专门的研究公司会让他们的客户使用这些数据。这减少了从数据中提取意义的过程，也意味着你可以将结果集成到你的仪表盘或用户体验报告中。但是，如果你想要获取原始数据，它就在那里等着你。

▶ 流式 API

来自数据源的实时数据流传递给其订阅者的过程。数据量将出现峰值和低谷，但数据将继续通过消防软管流动，直到耗尽为止。

任务：运用社交聆听获得深度洞察

你的品牌在对话中吗？

你可能会采纳奥斯卡·王尔德（Oscar Wilde）的观点，认为只有一件事比被人议论更糟糕，那就是不被人议论。如果有人谈论你的商业部门，那么其中有多大一部分是关于你的品牌？这对广告和市场营销很重要。

当人们讨论这个话题时，他们会谈论什么？

这是竞争信息的一个重要来源。如果你的物流运营不提供次日送货服务，你的客户就可能不会抱怨这一点，因为你的客户来自不想要它的群体。但网上的对话可能表明，会有一个群体，这是重要的（或你的一群客户，这将是重要的，他们下次会与你做生意）。

接下来会发生什么呢？

消费者没有固定的偏好。这些潮流在网络上快速涌现，并被社交媒体放大。社交倾听可以为产品开发和策略制定提供依据。

工作是什么？

当消费者做了什么或说了什么，社交媒体会在几分钟内给你反馈，而不是几周。这对于新的活动或创新尤其重要，而且是一种改进产品的有效途径。

人们的真实想法是什么？

这是一个大问题。情绪分析利用高级科技，从人们书写的内容中提炼出含义。这个问题虽然很难解答，但是却能给我们提供一个正确的指引，让我们来判断一个产品或者一个品牌是正面的还是负面的，同时也能找到一些最经常被谈论到的特质。情绪分析不一定局限于社交媒体，还可以用于自动分析调查。可以被解读的例子包括"我不喜欢 X 产品""如果没有其他选择，那 X 产品也行""X 产品我不确定""X 产品笨重""我喜欢 X 产品"。他们可以打分，然后使用数据。

> ▶ 情绪分析
>   指使用自然语言处理和文本分析系统地提取和量化数据中的主观情绪，通常是自由文本。社会倾听存在一些问题。社会倾听并非始终是一个值得信赖的意见来源。

倾斜的样品

社交媒体并不是人口的代表性样本。它的用户比一般人群更年轻、更数字化。不同的平台有不同的倾向：42% 的美国推特用户年龄在 18 到 29 岁之间，27% 的用户年龄在 30 到 49 岁之间，31% 的用户年龄在 50 岁及以上。全球只有 4.8% 的脸书用户年龄在 65 岁以上。60.1% 的领英用户年龄在 25 岁到 34 岁。如果你用推特上的对话来研究你在老年人中的声誉，那就太愚蠢了；有些意见可能根本不会被记录下来。

夸张的情绪

社交媒体用户会本能地发微博和发帖。如果你使用推特，那你可以回顾一下几个月前你发的帖子。通常你很难记得当时为什么会有那种情绪。强烈的情绪会在社交媒体上引起一些"诸如此类"的讨论。有人说，他们讨厌可口可乐，是因为他们更爱喝百事可乐，但在现实生活中，在餐馆里，如果有人给他们上可口可乐，他们也不会不乐意的。原因很简单，那就是，他们都是百事可乐的粉丝，而社会媒体上的一场论战会把消极因素放大到极点。社交媒体很有趣，也很短暂，我们不能将每个观点都认真对待。

说话的是谁？

很多社交媒体用户都在倾听，就像你的数据团队一样。有一小部分社交媒体用户被称为"影响者"，成为营销人员的目标，这是有原因的。他们设定了对话的基调，可能会暂时扭曲对话。要注意，有些影响者可能是出于商业或破坏性的动机。

举个例子，2019年，来自Which？❶的调查显示，在猫途鹰网站❷上排名最高的一些酒店是通过使用虚假评论"登顶"的。他们分析了该网站上的近25万个酒店评论，将五星级评论者与只留下三星的评论者的资料进行了比较。这15家看起来最明显可疑的酒店包括中东地区的一些好评酒店、拉斯维加斯的4家好评酒店以及英国第二大连锁酒店旅客之家（Travelodge）的一家酒店。

我们真的需要采取行动吗？

社交倾听是一个持续不断的数据来源，但上述担忧表明，你会看到的许多情绪峰值可能是假阳性。正确的反应往往是继续我们的工作，专注于数据让数百个其他转型项目成为可能。确定为何以及在何种程度上数据转换能从社会倾听中受益可能

---

❶ 一个英国消费者权益组织。——译者注
❷ 一个全球旅行者社区。——编者注

很重要：短期，对特定事件的响应；中期，作为发现新趋势的观察站；长期，追踪舆论的转变。例如，一个很好的例子是来自产品的反馈，让你能够解决对产品安全的担忧。用事实快速回应安全问题，如测试结果和安全认证，如 CE 安全认证标志[1]，可以防止声誉损害。

任务：营造可靠的口碑

听到客户声音最有力的工具之一是净推荐值，也就是常说的口碑。超过三分之二的财富 1000 强公司使用净推广值，同时也是最常被误用的工具之一。

> ▶ **净推荐值**
> 指当你询问客户是否会将你的公司推荐给其他人时，你得到的分数是诋毁者的百分比减去推荐者的百分比。

净推荐值是由管理咨询公司贝恩公司（Bain & Company）在 2003 年创立的，此前他们对会计软件公司财捷集团（Intuit）业务增长点进行了研究。

由诋毁者的客户数量减去赞扬的客户数量，最后得出的结果就是净推荐值。小心使用，它是未来增长的有力预测指标。这是一个实现起来相对简单的数据项目。2012 年到 2014

---

[1] "CE"标志是一种安全认证标志。——译者注

年期间，我在一家云托管提供商负责数据、分析和商业智能。我的工作就是利用数据和分析帮助管理从托管服务提供商到全服务云提供商的转型。在这种环境下，人们对选择哪家公司知之甚少，推荐显然是一个强大的工具。我们选择将销售提成与客户满意度和收入挂钩，而以前销售提成只基于收入。

我们必须决定如何定义满意度。净推广值是一个很好的工具，因为许多客户会在网上互动。客户一旦互动，我们就可以立即发送一份调查。我们根据个人交易以及半年一次的关系净推广值做了相关调查，以测试整体关系。

▶ **如何测量净推荐值？**

国家统计局的调查有一个优点，那就是它们只有两个问题：

- 你向你的朋友或家人推荐我们的可能性有多大？（0~10 分）
- 为什么？

9 分或 10 分被归为推崇者，6 分及以下被归为不推荐。

从云托管提供商的研究中得出的见解帮助我们推动了业务的增长，我们的营业额从不到 500 万英镑增长到 1 亿多英镑。在整个业务中，每个人都接受了培训，而且效果很好。你是怎么做到的？

测量数量

净推荐值将生成 -100 和 100 之间的单个数字。随着规模扩大，启动者的比例也会越来越大。这无疑是好事。但这并不是故事的全部。

沟通数量

这是一种统计数字，它会出现在每一个人的仪表板上，用来制定目标。人们是否试图控制他们的目标？是的，但是更多的是通过那些有益于他们的正面行动。这就是所谓的数据驱动。

比较数量

这让问题变得更加严重。拿来和近代历史作对比也无可厚非：它是互惠的。不过，业界的平均水准还是有的，因此要引起更多的注意。这一点很重要。它只与那些以同样的方式向相似的受众提出问题的组织进行比较。结果表明，不同情形下，其平均净推荐数值有较大差异。那可能是因为只和那些用相同方法问类似观众的机构作对比了。

重要的是你是否赢得了竞争对手

跨行业的比较很有启发性。2014年的一项研究表明，净推荐值的绝对增长与市场份额的增长几乎没有相关性，但相对于同行群体衡量的净推荐值的增长更能预测增长。我们知道云服务公司很擅长这一工作，但我们也知道它是英国顶级的服务提供商之一。

问为什么

第二个问题是"为什么？"。这个问题很重要，尤其是对那些诋毁者和没有强烈情绪的中间群体来说。你可以使用简单的自由文本分析，找到每个组的常用词或短语，并利用它们来指导应该反映在分数中的决策。

小心操作

你可以通过减少诋毁者的数量来提高净推荐值得分，或者将那些不关心的人转化为推手，但对于业务团队来说，目标是数量，而不是与数据和分析策略相一致的服务改进是有可能的（回想第十章中的古德哈特定律）。例如，提供折扣会提高NPS，但如果你以客户满意度为目标来提高利润率，这就不是一个好的策略。

不要过度调查

总是要求每个人填写一份净推荐值调查是很诱人的。这周你可能至少做了其中的一项。过度调查会降低数据质量，因为受访者更有可能输入一个随机数字，或寻找意味着他们不必回答问题的数字。贝恩公司的弗雷德·莱赫尔德（Fred Reichheld）是净推荐值的创始人。他在接受采访时表示："一旦我们有了一种最小化调查的技术，我就会成为第一个赶潮流的人。"

整合

在这一章中，我已经暗示了整合是重要的。集成的原理很简单，但它需要更多阐述：你能提供的数据来源越多，你得到的见解就越多。你会看到来自金融系统的数据（它告诉你收入正在增长），你会看你的销售仪表盘，你会看到按地区划分的情况，你会看到所有地区的增长都很好。按产品来看，你会看到一些产品产生了大量的收入，但有一种产品的收入较少。你会看历史数据。你会发现，随着时间的推移，收入是在逐渐下降的。你会看市场数据，你会发现整个市场都在增长。你会看你的净推荐值分数，你会看客户的净推荐值分数。你会看竞争环境。你会看一家新成立的公司推出的一款产品，以更低的价格和媒体的好评与你直接竞争。总体来说，这是一个用数据讲述的有用故事，但你只能在整合多个数据集时才能讲述这个故事：财务数据、销售数据、客户数据、产品细分数据、历史数据以及外部网站和社交媒体。任何一个单独的数据集都不会给你所需要的洞察，你永远不知道哪一个会给你金块。

倾听坏消息

最后一个警告：我再怎么强调也不为过，衡量必须是行动的基础。太多的组织收集数据是为了验证决策，而不是做出决策。净推荐值是一个完美的例子：它的作用不是为做得好提供安慰（当然，欢迎你这么做），而是形成改进的基础。

这意味着，数据团队发现并在内部沟通的重要客户声音，是那些传递坏消息的声音。这可能是一个难以传达的信息。但这是一种转变：重要客户的声音是告诉我们如何做得更好的声音。这是一个组织持续改进能力的基础。在第四章中，我们讨论了数据科学模型的持续改进。我们可以应用净推荐值的一种方式是通过向客户推荐额外产品的例子。也许你的数据科学模型向某些拥有产品 A 的客户推荐他们可能也喜欢产品 B。让我们假设我们的总体销售额确实增加了，但这些客户的净推荐值分数下降了。这可能是新产品正在稀释客户的忠诚度的一个迹象，也许是因为它们不那么可靠或令人愉快。这一点值得进一步研究。关键是，如果仅仅因为销售额上升，就认为一切都好，那就太天真了。

总结

- 在与客户互动过程中获得的数据是不完整的，它可能意味着企业高估了忠诚度，或错过了交易之外显示的重要信号。
- 倾听客户的声音需要外部数据。调查和追踪器是有用的，但只有在与现有系统集成的情况下，它们才能触发行动。
- 外部数据的一个重要功能是对破坏性竞争威胁提供早期预警，这些威胁不会在销售或客户关系管理数据中显示出来。
- 社交媒体是有价值的见解来源，可用于改善客户关系管理和战略规划。但样本偏差和行为效应意味着必须谨慎处理。
- 净推荐值是一个强大的工具，可以在每个仪表盘上使用。同样，它必须严格部署并与战略行动联系起来。

第十六章
CHAPTER 16

数据科学最大化

数据科学家自身的部署和管理方式会影响他们能否提供有价值的资源。将数据科学嵌入到商业中可以获得高额的收益,但是它的价值却常常被浪费,这是由于它们需要支持和优先排序才能成功。

关键概念
- 数据科学
- 数据仓库
- 数据湖

概述

美国人克里斯·安德森(Chris Anderson)提出了长尾理论。他认为,互联网时代存在成千上万的利基市场,它们可以为那些能够识别这些市场的数据丰富的初创企业提供机会。他的观点恰当地描述了在销售利润和利用"长尾"效应获得成功的可能性上的巨大改变。因此,现在我们推出了一些类似于宠物火化珠宝、分量控制餐具和美人鱼泳衣的产品。我们要感谢安德森做出的贡献。

2008年，他提出了他所说的"百万亿次时代"的愿景，并称为"理论的终结"。

"需要一种完全不同的方法，要求我们摆脱数据的束缚，将其作为一种可以整体可视化的东西。"他的想法是，我们不再需要一个理论、一个模型、一个关于什么是正确的假设来用数据进行检验。如果有足够的数据，我们就可以尝试所有的方法，只选择有效的方法。他说："忘掉分类学、本体论和心理学吧……有了足够的数据，数字就能说话。"

这个想法非常诱人，它会让你的工作轻松很多。到目前为止，我们在这一过程中所做的一切都使企业可获得的数据的数量、相关性和质量最大化。如果这真的是理论的终结，那么剩下要做的就是聘用几位数据科学家，把脚抬起来，等待好点子的出现。

这反倒让我怀疑，安德森在写这篇文章之前，并没有花太多时间与首席数据官（公平地说，首席数据官在2008年还是个新事物）交谈。以我的经验来看，这种数据科学的方法不仅会耗费所有人数年的时间、浪费数百万英镑、美元或欧元，还会毁掉你所赢得的声誉。

是数据科学，不是数据魔法

我们的目标是将数据科学融入业务中，正如把它嵌入销售、市场或金融一样。所有的职能都是工作流的有机组成部分，而且他们介入的越早，得到的效果也就越好。同样的道理也适用于数据科学。

数据科学可以是变革性的，是变革的催化剂，也可以是获得竞争优势的独特途径。数据科学功能要想取得成功,需要成为数据团队的一部分,或者至少与数据团队保持一致,与相同的战略保持一致,在相同的截止日期前工作,并以相同的成功标准衡量。两者可以一起创造价值:如果没有数据团队来确保数据源可用,并且是高质量的,数据科学的价值就会受到约束。没有数据科学提供洞见和创新,数据转型永远无法实现其全部转型潜力。最终,创建一个结合了这些能力的"卓越数据中心"是有意义的。但是,当然,首要任务是要做到卓越。

许多数据科学家的问题是(不是他们的错)没有人真正理解他们在做什么,所以他们从一个项目飘到另一个项目,总是带着一种他们从未真正交付的变革性见解。如果他们做到了,他们的见解就无法被复制,也很难实施。

▶ **数据科学**

指结合编程技能和商业、数学和统计学知识,从数据中提取有意义的见解的学科。这些洞见可以转化为企业的价值。

我们可以将数据科学建立为数据转换的一个不可分割的部分,但绝对不能让"数字自己说话"。

数据科学家的重要性

公司最终开始认真对待从数据中提取价值可能是因为,失败的数据科学实验在金钱和时间上都是极其昂贵的,没有人知道确切原因。这对数据团队的不利之处在于,收拾残局成为他们的工作。

举个例子：几年前，我被一家机构录用。我的工作是帮助所有人从一个失败的投资挖的坑里爬出来。

我到那的时候，从很多业内人士那里听到了同样的话。在会议上，他们会带着敬畏的心情说起数据科学家。他们会告诉我："他们在做伟大的事情，真的是伟大的事情。"

和我怀疑的一样，数据科学团队是一位董事对未来的押注。

他聘请来领导这个项目的数据科学家，也把这视为一个巨大的机会。他之前从未领导过数据项目或团队，这是一个他发展职业生涯的机会。我问数据科学家他们的计划是什么。

他们回答说："我们将建立一些相当酷的数据模型，这些模型将改变公司业务。"

真的，模型已经建好了。利用为他们精心策划的数据，该团队创建了一些分析，预测了哪些客户将在未来成为 VIP。

"太酷了。"数据科学家们扬起眉毛说。

"很棒的东西，"他们的经理表示赞同，"真的很棒。"

但是，目前还没有人能够将该模式用于实际应用中。第一个问题就是它不能与任何输入的数据相连接，所以不能进行升级。创建一个数据仓库或者说一个数据湖的理由是，它可以让你的工作人员获得最新的信息。因此，他们可以每天运行模型，而不是只运行一次。

▶ **数据仓库**

指数据科学家（以及报告和仪表盘开发人员）用来构建、测试、改进并最终运行他们的模型的结构化和过滤数据的存储空间。这些数据已经从操作系统中被提取出来,为特定目的被做了处理。

▶ 数据湖

指原始数据的存储。它可能永远不会被使用,但有助于告知和测试数据科学模型,因为它可以演示感兴趣的变量的演化。

即使模型每天运行,它也没有嵌入任何业务流程或系统中。很多人都很兴奋,因为他们有一个数据模型,可以预测哪些客户可能成为 VIP,但没有人定义人们将(必须)采取什么行动,才能将这些数据转化为收入。

我参与其中的一部分就是要在双方之间建立起一座桥梁。为了实现这个目标,数据团队必须了解要为它提供什么数据、对其如何进行设计,以及如何集成输出。要做到这一点,我们需要一个结构,我们需要一个包含文件的框架,但我们没有这样做。同时,我们也要建立一个完整的程序,使之得到改善与融合。

结构、文档化和嵌入业务流程并不是他们选择做好的事情。我见过很多才华横溢的数据科学家,他们宁愿把结构化记录下来,并把它们嵌入商业过程。

平心而论,数据科学团队知道他们需要更多的数据。他们已经获得了资金,付钱给第三方来建造他们的数据仓库。到那时,这个项目已经花费了 120 万英镑。当时他们已经准备好了 80%,而且已经准备了 6 个月,因为建造数据仓库的人遇到了未解决的数据质量和访问问题。如今,唯一能做的就是注销投资，让数据科学家离开（我后来在一个关于"吸取教训"的会议上遇到了他们），然后重新开始。

任务：整合数据科学

这就是不应该做的事情。如果你处在这种情况下，重新开始可能比尝试修复更快。如果我们正在启动一个数据科学项目，那么首先要做的是确保它有业务支持，并坚持数据战略。

定义一个领导力假设

企业的领导层如何相信数据科学可以提供帮助？对于大多数企业来说，这意味着产生现金、留住客户、成本管理、关爱员工。根据数据和分析策略对这些进行优先排序，有助于将企业认为"非常酷"的东西与能够带来价值的东西结合起来。这可能是通过自动化、更明智的定价决策或更好的营销回报来降低成本的方式。但这是一个积极的方向声明。注意：这不是一套要交付的狭隘计划。你的数据科学团队不应该是完全自主的，但必须有创造性地解决问题的自由。以我的经验来看，这种优先排序是数据科学家所渴望的。它会让他们更成功。

向企业宣传数据科学

首席数据官应该向可能从数据科学中受益的人解释他们能得到什么，以及这可能带来什么。他们要运用案例并在业务中招募赞助商。具体而言是使用商业术语，如"识别有流失倾向的客户，如果我们采取正确的行动，就可以提高客户留存率"。

定义数据科学过程

与数据科学合作是这些发起人的工作。也就是说，数据科学的负责人必须定义一个流程来做到这一点。然后，业务部门就可以理解他们可以期待什么，以及什么时候可以期待。这必须是可重复的、可扩展的，并且可以用非技术语言描述。图 16-1 显示了我喜欢的数据科学过程。它对我来说很有效。

提出商业挑战	·你要解决的商业问题是什么？
进行调研	·问题的具体细节是什么？
构建假设	·如何构建才能解决这一问题？
分析数据	·我们拥有什么样的数据，以及数据质量如何？
构建和测试	·构建数据并解决问题
报告结果	·有哪些洞见和推荐？
部署	·部署到企业运行环境中

图 16-1　数据科学和人工智能方法

将分析嵌入生产系统

最大的挑战是将模型的输出转化为生产系统。大多数组织在这方面都失败了。这需要他们对模型进行测试和文档化。数据输入必须被产品化，模型的输出必须被输入操作系统。这将需要数据团队和 IT 团队一起工作。这需要在第一个模型产品化的日期之前就进行讨论和计划。当一个模型已经这样做了，那么后续的模型就可以更容易地重复这个过程。然而，第一次实现将是一个主要的挑战——不仅是时间和精力问题，而且会存在 IT 部门和数据科学团队之间工作方式的冲突。

任务：维持数据科学

考虑到战略方向，将数据科学与更广泛的数据转换目标结合起来仍然不是一件简单的事情。但无论如何，它都可以作为必须要做的工作的催化剂。它的洞见将展示数据团队其余工作的价值。

展示一个快速的胜利

我们从一贯的起点开始：展示价值。这不会是一个艰难的推销，但诀窍是将快速的胜利与战略优先级的问题结合起来。对于你聘用的聪明的数据科学家来说，这似乎几乎无关紧要。如果真的那么容易，那问题早就解决了。请注意，我们想要构建过程，而不是项目。在这个阶段，这可能有点过头了。所以速胜对管理层和整个组织来说都是有价值的。因为它与数据和分析战略一致，它很可能发现需要更多数据质量和治理投资的领域——有了胜利，这是你可以争取的东西。

先做数据工程

一个数据科学家，在给定数据和挑战的情况下，会提出一些见解。但数据中的问题会直接影响到这个洞见的有用性。如果数据是错误的或过时的，那我们同样可以从模型的洞见中预料到。如果客户没有黄金身份标识，或者数据没有出处，那么你对模型的推荐就没有信心。如果没有外部数据，那么它的外部有效性就会被质疑。了解缺口的确切性质是这一过程中至关重要的一部分。

前面的工程总是比你预期的要多

我们看到，数据工程不是一个快速解决方案。这让所有人都感到沮丧，尤其是对那些承诺要处理一些闪亮数据的数据科学家来说。数据科学家通常有较低的无聊阈值和许多可选择的工作机会。这也让企业感到沮丧，因为他们已经为一项尚未得到的服务付费了。数据团队可能扮演着夏尔巴人的角色：承担建立所需数据源、评估其质量并确保其可持续性的艰巨工作。尽管如前所述，这是自动化的一个潜在领域。他们能处理好文档，帮助理解目前进展和如何做更容易。

认识到成功

对于数据科学团队来说，拥有自己的成功是很重要的。它不应以一种模糊的方式，而是应使用与战略数据和业务目标相匹配的细节。这既揭开了学科的神秘面纱，又在整个业务中建立了支持和参与。这也有助于证明投资的理由。如果你能描述 5% 的销售增长，你就能描述如果你达到数据质量目标，结果将是 7%；如果你能简化支撑这一目标的流程，这将促使所有业务实现每周 7% 的增长。

鼓励执行赞助

到目前为止，最有价值的参与是管理团队的参与。我见过太多的情况。在这些情况下，没有人会问一些棘手的问题，比如"这到底是为了什么？"。一位高管经常会问这样的问题来询问其他专业职能部门。对数据科学团队来说，这种脱离可能看起来像是创新的自由。由于该团队被赋予解决问题的任务的重要性，高管团队了解自己所做承诺的本质。这在一定程度上是因为数据科学具有投机性质。结果并不总是我们想要的那样。如果未来出现坏消息，那么这是一种可能的结果也不应令人感到意外。

鼓励人们对结果持怀疑态度

许多最有价值的数据分析都具有前瞻性，因而往往带有投机性质。这意味着，任何输出都会有置信区间（通过使用不同的模型或不同的输入，这些区间可能是明确的）。我们鼓励企业将这些预测视为强烈的（但不是唯一的）信号，因为模型不能捕获每一块数据，而且上下文会变化。由模型激发的有根据的辩论可以改进决策，并为改进模型提供路标。

由于模式并不能捕捉到所有的信息，并且背景也在不断地改变，所以我们鼓励公司把这些预测看作很强的（但并非独一无二）的信号。基于模型的论证能够改善政策制定，并为改善模式指明方向。

拥抱失败

可以预料，数据科学团队和业务之间存在误解。他们所做的只是有点"吸引"。在整合过程中，数据团队在中间充当辅助角色，可能会承担大部分的工作。还有另一个潜在误会的来源，那就是 IT 部门和数据科学团队之间的误会。

IT 部门在向企业交付技术方面有两种方法。大多数首席信息官都是在瀑布式开发过程中成长起来的：从一个问题开始，定义需求，验证需求，交付解决方案，将其投入生产，并予以支持。另一种方法是敏捷开发：定义高层次的需求，选择需求的一部分（一个用户故事），以短时间的活动（也称为冲刺）交付它，然后进行下一个任务迭代完善。每一种方法都有其优点。

与数据打交道，尤其是数据科学，与这两种方法不同。数据科学是一种实验。它是基于科学的方法：进行观察，创建一个可能解释它们的假设，建立一个模型，用数据测试模型，看它与你的观察是否吻合，完善模型，使用模型进行预测，使用观察来改进模型。

但在这个阶段，这个模型有可能证明它根本没有任何价值。这有积极的方面，例如，发现你无法识别那些因为你没有捕捉到足够的数据而有叛变危险的客户。这并不是失败。这是一个明确的信号，表明你需要提高数据质量。即使有了这些数据，你的模型也可能无法交付价值。比如奈飞（Netflix）奖，其奖励给能够将公司推荐算法提高 10% 的数据科学团队。经过 3 年的竞争，该奖项于 2009 年 9 月 21 日由一个名为"贝尔科的实用主义混沌"的团队获得。这些改进从未实施，因为增加的收入和所花费的时间无法证明工作量的合理性。相反，奈飞公司找到了更简单、更快的方法来改进推荐，腾出投资来改进节目。

这是一个很好的决定。只有将数据科学嵌入组织，人们才可以做出这个决定。

在我的职业生涯中，有一次，我发现自己和首席信息官，也就是我当时的直线经理，有过这样的对话。我向他解释说，在项目进行到一半的时候，我们无法发现我们拥有的东西，而在那个时候，我们没有任何有价值的东西。他想让我辞职。他告诉首席执行官，我是一个特立独行的人，所以不适合管理数据科学。首席执行官不同意，因为他明白数据科学的实验本质。

还有一种选择是不顾一切地继续追求一个过分明确的目标。这与不顾一切地追求根本没有目标相比，并没有什么好处。这表明，在你的数据转换中，没有什么比为了业务利益而驯服数据科学的项目更能考验你的商业头脑。

总结

- 如果将数据科学嵌入企业，它将发挥巨大潜力，但团队往往会被放任自流。
- 数据科学的第一步是为数据科学定义一个领导假设和过程，将输出集中在它可以产生最大影响的地方。
- 高层的参与和来自数据团队的实际支持有助于定义为业务服务而优化的分析能力。
- 数据科学永远是实验性的。它无法实现预先确定的目标或投资回报。

第十七章
CHAPTER 17

与供应商和客户共享数据

安全透明地允许他人访问、使用和创建你的数据,将有效地创造更多价值,也可以提高知识和数据质量。它还可以众包创新。做得好,大家都受益。

关键概念
- 区块链
- 信息不对称
- 主体访问请求

概述

2002 年,亚马逊公司创始人杰夫·贝佐斯(Jeff Bezos)发布了一份内部备忘录,其中记载了四件事:

1. 要求所有团队必须通过服务接口公开他们的数据和功能。
2. 要求团队之间必须通过这些接口进行交流。
3. 要求团队在规划和设计时,必须能够将接口暴露给外部世界的开发人员。
4. 任何不这样做的人都会被解雇。

据我们所知,亚马逊公司的开发人员都保住了工作。但这一要求为如今 API 的广泛使用奠定了基调。API 将其作为一种向客户、供应商、公众和你的市场公开数据的方式。这有很多好处，也有一些风险，但它是数据转换过程中不可分割的一部分。

广泛的接触

我们在第十五章中第一次碰到了 API 的影响，提到了它们在竞争对手如何使用 API 发现定价数据方面的作用。当然，使用 API 并不是共享数据的唯一方式，但在贝佐斯授权 20 年后，这项技术正变得无处不在。福布斯发现，与 API 基础管理的企业相比，拥有先进 API 管理流程的企业体验到的商业结果要好 47%，34% 的企业使用 API 来提高上市速度和创新。

在使用 API 的公司中，谷歌公司于 2021 年发布的关于 API 经济状况的报告询问了 700 家组织如何使用 API 共享数据。超过一半的公司"与合作伙伴公开资产"，36% 的公司发现它们是"创造商业价值的战略资产"，22% 的公司报告称它们的 API "被外部客户直接利用"。三分之一的公司在技术的支持下开发新的企业对企业的合作伙伴，10% 的公司直接利用他们的 API 作为收入来源：访问他们的数据具有货币价值。

我们可以把是否使用 API 或使用哪种类型的 API 等技术问题放在一边。我们在这里所拥有的是一个数据转换过程，不管有没有我们，这个过程都在发生：这列火车正在离开车站。

这是一种跨组织边界（内部和外部）的软件与软件对话的文化。如果我们将连接过程自动化，它就可以把系统集成化。这个曾经让首席技术官夜不能寐、让职业脱轨的项目，变成一个战略问题，而不是一个技术问题。

在这个战略层面上，在我们转型的这个阶段，共享有很多好处：

- 数据共享提高了企业、供应商、合作伙伴和客户之间的接口效率，加快了工作速度，避免了重新编码，减少了错误，降低了风险。
- 与市场共享数据可以帮助市场成长和提高整体效率。
- 与公众共享数据可以建立声誉。

这可不是免费的午餐。与共享相关的主要风险是所共享数据的质量和管理。缺陷和遗漏对所有人都是公开的。质量高低会产生影响，不仅影响效率，也会影响他们的（以及你们关系的质量）。因为你的数据需要得到安全和适当的共享，你已经跨越了新的法律和监管领域。

所以我们就别再纠结于技术了：API 经济是一个不可阻挡的过程的表现之一。贝佐斯备忘录的力量在于，他明白最优的数据共享并不意味着到处移动数据。自动化时的共享效果最好，它创造了全新的商业流程。

向商业合作伙伴和供应商公开数据

2016 年，我曾短暂担任一家私人医疗保健提供商的首席财务官。我的工作职责之一是降低成本。

他们在全球范围内有着丰富多样的供应链，简单来说，就是与许多医院有合作。在中东，很多患者都会被送到不同的医院进行单独结算，但是我们并没有从中发现任何问题。数据的共享是一项财务过程，而非营运流程。

当我们以通用格式共享医院计费系统的访问数据时，我们意识到医院之间的价格和服务存在巨大的差异。每一种治疗的收费价格，既包括药品等常见项目的成本，也包括医生、护士和相关流程等独特项目的成本。当他们意识到这一点后，我们意识到，我们可以转向与药品供应商直接做生意，因为节省的成本将是巨大的——对我们在该地区的业务来说，这将削减30%的成本。

没错，成本是巨大的，但在我们将计费系统与我们的数据整合起来之前，这一点并不明显。像这样的创新帮助我们在几个月内减少了2000万英镑的成本，而且因为集成是永久性的，所以节省的成本也很可观。

这种数据共享对我们有利。我们也可以考虑一下它对双方的影响。从医院的角度来看，显而易见的结论是，这永久性地降低了他们的利润率。从医疗保健提供者的角度来看，考虑到节省的规模，有一个强有力的论据是，这是一个早就应该提高的效率，他们可以通过降低保费的形式传递给客户。但是，通过这种方式公开数据来消除低效率永远不会对收入产生中性影响，如果有选择的话，一些商业合作伙伴就可能会抵制。像这样让一方受益、另一方亏损的工作，可能需要某种商业上的考虑，而不仅仅被当作一个数据项目。

共享数据也将是对数据团队在质量和治理方面所做工作的一种考验。潜在的好处包括透明度的提高。但如果这些数据不完整、更新缓慢或定义不准确，它对供应商或服务合作伙伴的价值就会降低，或者对声誉造成损害。一个例子是自动库存补充，它需要准确、分类和及时的销售数据，以便供应商的系统作出反应。

如果合作伙伴的数据团队难以从共享的数据中获得有意义的结果，或者发现数据不一致，那么这将占用数据团队的时间和资源。如果供应商选择专注于与其他承诺深度集成并能及时交付的品牌（尤其是精通数据的挑战者品牌）的联合创新，那么最终可能就会造成竞争劣势。

供应链中的区块链

虽然未必实现，但是，在区块链领域，人们谈论得最多的一个方法就是共享数据。你的首席执行官可能已经被委派去研究区块链，或者观看一场关于通过数据共享来建立数字信任的潜力的激动人心的会议演示，在一个令人兴奋的研讨会上展示如何透过资料分享来建立数位信任。

▶ **区块链**

指一种系统，其中交易记录在连接在点对点网络中的几台计算机之间进行维护。

区块链很有趣，因为交易记录不属于业务流程中的任何人。它是一个分布式的电子账本，将交易记录为数据块。区块链上的每一方都可以看到整个数据库及其历史。当新信息产生时，它是由相关方直接添加到交易中，而不是由中央权威机构添加。我们不能忽视这一点：2021年，全球市场信公司国际数据公司（IDC）预测，区块链投资将从2018年的15亿美元上升到2024年的190亿美元，其中支付和结算代表了最大的用例。

在金融界，区块链的应用是很有意思的。举例来说，如果你的过程涉及产生共享文件（如在国际贸易中使用的信用证），这对于那些没有效率、手工操作和成本高昂的数据共享过程来说，会有很大的好处。这是因为你需要通过一种方法来建立双方的互信。但区块链要求供应链上的每一个成员都要一致，这就要求共同体对标准达成一致，整个过程中的每一个成员都要加入同一个共同体。这并不符合这本书倡导的精神。在这一点上，我们的整个方法一直是找到一个可管理的项目，创造价值，逐步改进支持它的数据，工业化和加强支持它的流程，扩展它。在每一个阶段，我们都很小心，不去承担一些过于雄心勃勃的事情。创建一个项目中很大一部分的实现都不在数据团队的控制范围之内。区块链有巨大的希望，但不幸的是，它不符合这些标准。

它也绕开了基于数据的供应链中的现实：总有一个占主导地位的合作伙伴，可能是亚马逊公司，也可能是乐购公司。这个合作伙伴可以规定数据共享的方式。这个理论听起来很棒，但很难找到合适的商业案例，让它发挥作用。

共享改善市场

1970年，乔治·阿克洛夫（George Akerlof）还是经济学一年级助理教授，尚未获得诺贝尔奖。他努力想在学术期刊上发表一篇论文。编辑们根本无法相信他提出的柠檬市场理论。阿克洛夫的想法是，如果我们想买一辆二手车，去参观汽车陈列室，而我们不知道看到的这辆车是保养得很好还是辆"破车"（一个"柠檬"），我们永远不会为一辆破车开出和一辆保养得很好的车相同的价格。因此，销售人员只会同意卖那些"柠檬"车。所有最好的汽车都会卖不出去，因为没有人能买得起，因为他们有可能是柠檬的风险。他"发现"了信息不对称，许多非经济学家的人会说"是的，我知道"。

▶ **信息不对称**
　　指一方比另一方拥有更多或更好的信息的情况或交易。

信息不对称的影响是较大的。最重要的是，如果能找到分享更多信息的方法，企业间就能提供更多的互信，进而创造更多利润。这也不是偶然的。现在有在线汽车零售商能提供更完整的信息和精确的保证，所以我们第一次看到我们买的二手车是在它被送到我们家的时候。这个程序可能会使我们的爷爷奶奶害怕。

在第十一章中，我展示了 2002 年投资银行在研究客观性上的危机如何导致了用于共享金融分析师使用的数据和模型的 RIXML 标准的发展。我当时在投资银行工作，直接建立了一个项目，以创建透明度和一致性的评级过程。

目前仍由一个财团维护的数据标准，在整体上帮助改善了市场。

案例分析 | CASE

RIXML

挑战：研究的传播

投资研究的消费者需要更好的方式来获取他们需要

的精确研究，投资研究的创造者需要更好的方式来确保他们的研究被受益的人看到。

分析：需求的汇流

一方面，买方公司希望搜索、整理和过滤研究提供者发布的信息。它必须易于使用，而且他们希望将来自不同提供商的研究结合起来。另一方面，卖方的公司希望专注于开发和生产内容，并在交付内容上投入较少的资源。

行动：以一致的格式标记数据

在研究了市场双方的需求之后，RIXML 联盟在 2001 年创建了一份最初的标签列表，它就是 RIXML 模式。它有三个指导原则：标准必须为过程中的所有参与者提供改进；标准必须能够被扩展和发展，以适应技术和业务的变化；终端用户必须能够从 RIXML 中受益。

结果：在更多的地方获得更高质量数据

RIXML 有很多用例。例如，资产管理公司创建了自动将内部信息与外部信息结合起来的数字内容。金融研究的翻译可以链接到源数据。

买方公司可以轻松地过滤数据，只关注他们想要看到的东西。双方都有使用该标准的动机。该标准是自由开放的。使用 RIXML 标记的文档在更多的地方被使用。研究的消费者希望花更多的时间阅读和更少的时间访问数据。这并不是说采用 RIXML 的过程很简单。

通过创建用于与基金管理客户共享数据的 RIXML 标准，投行能够与富达这样的投资经理共享模型，因此其经理不仅可以看到结论和数据，还可以看到这些结论和数据来自哪里。这是证明分析师撰写的报告不是柠檬的方式。

但这是有代价的。在一次会议上，富达公司向我们指出，航空分析师对石油未来价格的看法与大宗商品石油分析师不同，他们都对自己的行业持乐观态度。对石油研究而言，这意味着油价将上涨，而对航空公司研究而言，这意味着油价将下跌。

这是一个我们没有发现的小错误。但这表明了一个更大的数据问题：如果进入模型的数据不一致，客户怎么能相信结论？解决这个问题意味着我们以及其他所有聘用卖方分析师的公司，都必须改进数据处理过程。标准定义、命名约定、一致的格式、数据质量检查、对不一致的项目（如上面提到的燃料成本）的交叉检查、字段之间的依赖关系都需要被改进。这是一项非同小可的工作，但对使用研究的买方公司来说，这意味着更高的透明度。它最终会增加整个研究功能的完整性和有用性。

它还使一些经纪人失去了中介作用，使他们帮助解释研究结果以有效赢得业务的工作变得多余。

向客户公开数据

通过允许客户自己完成任务，公开数据也可以在价值链的另一端提高效率：检查订单状态、更改地址、设置偏好。

立即，这对任何高管团队都是有吸引力的，因为这意味着降低成本。这也减少了事后揣测客户的需要。与其争论他们会或不需要什么，不如直接提供选项，让他们自己去选择就好。

但是要始终记录和跟踪顾客的行为。这有两个积极的影响。第一个影响：你可以跟踪偏好的变化，这可能需要采取行动，例如，如果点击取货偏好突然上升，你就要立即采取行动。这是一个资源方面的挑战，但也可能意味着，如果类似的客户知道它的存在，那他们可能会更喜欢它。第二个影响：它可以有效地将数据或服务问题的解决方案众包。我们一开始的决定性挑战是提高数据质量。其中一些可以通过合并数据源来实现。有些可以通过重新联系客户或利用联系人来检查和提高数据质量来完成。但最勤勉的客户数据管家很可能是客户自己，他们能迅速发现错误的邮政编码或电话号码，并有动机纠正它们。

你可以通过确保当他们登录时，你的系统不断地询问"这个数据正确吗？"来鼓励他们这样做。

这可能会让人不舒服，特别是当它导致数据质量不符合业务假设的标准时。鼓励客户修正的举措可能会带来突然的改进，但也会带来一些负面的反馈。但众包质量是极其高效的。以我的经验，在匆忙过后，这个过程会迅速稳定下来，成为质量数据的引擎。

任务：准备共享

希望你已经完成这一阶段中大部分艰难的项目。

为质量建立一个门槛

在新的以数据为基础的服务中,高品质将成为榜样。但是,比方说,如果你很难将这些数据来源合并起来,那么你的供应商或客户可能会更多地注意到他们无法发现的东西,或他们发现的东西中的错误。

这也许会成为你在一个高品质的领域中拖延时间的一个原因,也许你会继续前进,并愿意接受反馈。如果你持续改进了你的质量计划,并且取得了积极的结果,那么改进就不算完。你会根据你的风险承受能力、你与客户及合伙人的关系,来决定你的投资策略。

治理无处可藏

公开数据意味着将你的治理系统将暴露于检查之下。合作伙伴可能会要求出处(这个股票记录从哪里来?如何产生的?),客户则会被不准确或过时的数据逼疯(如果你怀疑这一点,从征信机构下载你的信用记录摘要,你会感到热血沸腾)。

建立最优的内部流程

暴露数据通过打破流程来改进流程。一个明显的例子是为客户提供自助服务,这要求你提供所有适当的数据,也要从他们的查询或操作中捕获数据。这也意味着管理对员工角色的内部影响。例如,自助服务支持,将客户服务代理去中介化,将其角色转变为最后手段的支持,提供更高水平的培训。

提供补救和持续改进措施

正如上面提到的,共享将暴露出问题。这也许只是一些独立的数据,但是也有可能涉及一些更深层的问题,比如数据采集、精度、可用性,这就意味着你需要一个灵活的流程来解决这个问题。第一遍时,你也许会选择无视。但是,也许正因为如此,你的客户才会选择其他的供应商。

为主体访问请求做好准备

用户中的一部分还会根据 GDPR 获得你所掌握的个人信息。这就是所谓的主体存取请求。英国信息委员会已决定,各公司"在接到申请之日起一月之内,立即作出回应",且"资讯应该以易于存取、简明易懂的方式传达"。除非这些请求非常复杂,否则如果你需要一个月的时间来回复,那么创建一个项目以标准格式报告这些信息可能是值得的。

> ▶ 主题访问请求
>
> 根据 GDPR,个人有权要求组织掌握有关他们的信息。他们可以口头或书面要求,包括通过社交媒体。组织有责任以一种易于理解的形式及时披露这些信息。

数据共享不可避免,按照让你感到舒服的方式去做

虽然共享数据的好处很多,但这不会是一个容易完成的

项目。它不仅给你的数据能力带来了压力,也给商业模式带来了压力。然而,这是不可避免的,所以这就创造了积极主动的空间。

我们中的许多人都是通过比较网站来选择保险、手机合同或下一个科技产品的购买的。我们甚至可以在听到产品名称后点击"购物"的时候这样做。即使你在亚马逊公司上销售你的产品,你公开数据的方式也让零售商很容易创建一个四种产品的比较,不管顾客是否有此要求。被比较是不可避免的:如果你是零售商,那你的定价数据就会暴露出来。

这些比较为消费者提供了巨大的优势,但并不完美,因为不同公司提供的电话合同或家庭保险在许多维度上是不同的,并不是所有的都能在一个比较表中被捕捉到。通常情况下,这些额外的服务被专门捆绑在一起,以阻止简单的比较,甚至可能转移人们对薄弱的核心服务的注意力。在这种情况下,影响客户的注意力,使其关注于你提供的服务或产品的属性是一个具有挑战性的数据问题。这个问题的解决方案是跨职能的:数据团队有作用,营销也有作用,可以设计信息呈现方式的用户体验团队也有作用。

美国前进保险公司曾经创造性地解决过问题。它的广告邀请潜在客户会在其网站上查看竞争对手的价格,他们会发现一些竞争对手会更便宜。通过运营自己的网站,企业可以控制进行比较的方式、提供为什么其服务更好的信息,以及价格中包含的额外功能。

数据团队提出这一策略后,我们只能想象董事会对它的最初反应。在保持对上下文的控制的同时,公开数据是一个聪明的举动。

总结

- 数据共享做得好可以提高你的业务效率、与供应商和客户的关系，以及整个市场的效率。
- 通过数据共享暴露低效率并不是中立的，因此要注意对业务合作伙伴的影响，甚至对你公司的部分业务的影响，并与业务部门合作来管理这个问题。
- 让客户改进他们自己的数据是有效的，要创建一个引擎来提高数据质量。这是众多数据共享过程中的一种，使一些工作角色失去了中间地位。
- 随着与你做生意变得更容易，共享数据会带来声誉上的好处。但当它暴露出数据管理不善或缺乏能力时，就会造成声誉损害。
- 数据共享带来的价格和产品比较是不可避免的，因此公司要讨论如何评估其影响并做出创造性的回应。

PART 6

第六部分

第五个阶段：区分

| 渴望 | 成熟 | 工业化 | 实现 | **区分** |

现在,你可以从数据中找出有价值的东西,衡量、观察和感觉它们。数据转化的最终阶段,就是要将企业变成领先者和革新者。只有掌握有效的手段来应对市场的变化、竞争对手,以及外界的重大事件,你才能在竞争中脱颖而出。

数据带来了组织与行为上的变革,而如今,人工智能的潜能在于,它能够在商业人士的能力之外改进政策制定。业务已经从根本上发生了转变,数据团队的功能也发生了转变,他们不再以项目为重点,而是以提供业务赖以繁荣的数据产品为主。这也使得数据转换的领导者的作用发生了变化,他们更注重策略的洞察和创新。在这个阶段,你将发现你有能力从竞争者中脱颖而出。你会在业务的边际上看到这一点。

VBI模型在这一阶段的活动包括:

价值。重点不再是如何为企业创造更好的方式,而是如何做以前做不到的事情。数据的价值表现在创新和创造力上。

构建。人工智能可能已经在过程的早期以各种方式被部署,但现在它可以被应用于战略性的、面向未来的过程。一个卓越的数据中心会不断提高这些创新的质量。

提升。为优化和简化业务流程提供了新的思路,同时也为实现这些目标所需的组织变革提供了信息。

第十八章
CHAPTER 18

从数据驱动到人工智能驱动

人工智能也许可以从数据中产生深远的见解,从而突破人类大脑在做决定时的局限性与偏见。将人工智能应用到每天的商业活动中,这是一种可能。但是,人工智能的应用必须要有扎实的基础,要有深入的商业过程和清晰的商业案例。

> **关键概念**
> - 人工智能
> - 机器学习
> - 单一供应商视图
> - 机器人流程自动化
> - 自然语言处理
> - 大数据
> - 黑匣子

概述

一家博彩公司的财务系统中有很多发票,但是他们的财务团队很难将这些发票与供应商合同匹配起来。这些供应商合同在不同地区各有各的条款及条件,但是团队无法将它们与该公司与这些客户之间的服务水平协议匹配起来。财务团队对合同中每个类别的开支进行监督,但是却不能把单独的合同与那些经常混杂在一起的费用分类挂钩。我觉得它是"杂乱无章"的。他们可以设置一项计划来减少全部的运营费用。但这可不是一件简单的事,因为他们还要确定花了什么钱、被谁花了、给谁花了、花在什么地方。

这个问题非常常见,每个在金融界工作的人都会遇到。但是,除了坚持不懈,除了顽强、枯燥、重复的工作,别无他法。

这家企业已经决定,要用人工智能来解开这个结。它选择了一种软件工具来审查合同并分摊成本——从原则上说,这是人工智能的一个绝妙应用:以一个庞大的数据集匹配和协调数据。所有人都认为这是一个人工智能项目,人工智能团队也是如此。

项目进展起色不大的时候,我接到了电话。人工智能团队整合了很多数据源,但没有对供应商名称或细节进行统一定义,因为同一个供应商在不同的数据库中的拼写不同,有的仅通过一个代码进行识别。因此,一开始的时候,几乎所有的数据都不匹配。

项目经理很困惑。"这肯定是人工智能应该做的事情吧?"他问道。

没错,但此时他正处于高德纳的"科技成熟度曲线"的高速发展过程中。高德纳咨询公司所称的"创新触发"也就是在这一时期:大众将会听说一些激动人心的、能够解决问题的新科技,他们很快就会爬到"期望膨胀的顶峰"。在这段时间里,人们总是把注意力集中在那些曾经的成功案例上,而忽略或者不被告知失败的故事。不可避免的是,当早期用户发现真正的应用程序令人失望时，许多人就会陷入幻想破灭的低谷。但是，随着技术的成熟，越来越多的人弄清楚它能做什么、不能做什么，市场就会到达启蒙斜坡，最终爬到生产力高原，得到技术回报。作为一名经验丰富的首席数据官，我绝对能与这种模式产生共鸣。

高德纳成熟度曲线是用来描述技术发展的。但它确实捕捉到了我们对技术解决问题能力的评估的演变过程。不可否认，项目经理正处于低谷。人工智能和机器学习和本书中的其他工具一样，都依赖于良好的底层数据质量、数据治理和项目管理。没有捷径可走。你不能跳过前面讨论质量、治理和自动化的章节单独看待这个问题，因为人工智能似乎是一个快速解决方案（如果你这样做了，那就倒霉了：它不是）。

博彩公司在转向人工智能之前，真正需要的应该是一个可以被财务和采购使用的单一供应商视图，相当于第九章的主题单一客户视图。在那一章中，我详细介绍了博彩公司是如何成功创建其单一客户视图的。在这种情况下，给定一个单一客户视图人工智能项目将变身为一个伟大的想法。他们会根据条款和条件，通过与供应商更好的谈判，迅速发现降低成本的机会。这样采购部就能知道，有时候我们会从同一个供应商处买来同样的东西。这样我们就可以再谈价钱了。它甚至会向数据团队展示，博彩公司可以从改善数据质量中获益。但在这种情况下，人工智能工具无法完成这些事情，因为它没有得到所需的数据。

▶ 人工智能

数字计算机执行通常与智能生物相关的任务，

如推理、发现意义、归纳或从经验中学习,被称为人工智能。

▶ **机器学习**

一种能够实现自主学习的计算机软件的人工智能学科。

人工智能是做什么的?

美国科学研究与发展办公室主任范尼瓦尔·布什(Vannevar Bush)曾于1945年为《大西洋月刊》(Atlantic Monthly)撰写了一篇名为《正如我们所认为的》(As we may think)的文章。他是世界上为数不多的几个知道一种即将被我们称作"电脑"的新型机器,并因此受到启发,撰写了一篇论文。该论文将(我们)"与我们所有经历有关的观点与决策整合起来",以协助我们做出决策。到了1956年,关于这一课题的首届学术会议召开了,会上创造了"人工智能"这个名字。所以,我们研究人工智能已经整整六十年了。布什和其他一些早期人工智能研究人员发现,复制人脑的问题比他们想象的要困难得多。他们已经好几次跌到谷底了。直到最近,这个主题在科幻小说里仍是最热门的话题。

如今,人工智能已经成为一种强有力的工具,并且被迅速普及。但是,我们应该小心地对待它们的应用程序,并且在如何将它们转化为数据时,保持严谨的态度。这可以帮助我们避免让很多人工智能的实施偏离轨道:缺少清晰的策略,从人工智能模型中提炼出价值，缺少用于培训和交付的优质数据。1987 年，我曾在美国一家大型银行任职，当时我决定对其按揭及信用卡业务进行风险管理的部分进行自动化。我们采用一种叫作 Expertech Xi 的产品，也就是所谓的专家系统。这是一个基于数据的商业规则归属的早期人工智能方案。这是一个非常巧妙的方式，可以将信贷决策后实际发生的结果与决策本身相比较。这是我第一次尝试人工智能。建议人来自爱丁堡大学，他们在人工智能领域的起源可以追溯到 1963 年唐纳德·米基（Donald Michie）建立的一个小型研究小组。他曾是包括布莱切利公园的图灵在内的密码破译小组的成员。

在这一章，我们将集中讨论决策支援——人工智能如何改善数据为人类决策者提供选项和替代方案。在下一章中，我们将更多地关注人工智能对创新的贡献。这些应用相互融合，但它们给数据团队带来了不同的挑战。

对于一个想要成为数据驱动业务的企业来说，有两个棘手的问题是可以通过使用 AI 来解决的：速度和复杂性。

人工智能应用程序解释数据的速度比人类快得多

当公司必须以最快的速度做出不明显的判断时，这一点很重要。比如：第一个降低或提高价格，快速识别试图入侵你的网络的人，在价格变化之前进行股票交易。

一款人工智能应用程序所能解释的数据比人类多得多

当我们利用数据来做出决策的时候，我们很快就会达到我们认知能力的极限，也就是我们对于复杂性的渴望。商业决策就是在有限的条件下，对不确定性做出折中。即使是最智能的数据可视化，也只能处理三四个变量的相互作用，而且大多数问题的影响因素比这多得多。我们的头脑为了解决这一问题，开发了一种试探性的决定：一种个体的、经常是潜意识的、心理上的策略，使我们不去深思，而是下意识地忽视那些看似无关的信息。在日常生活中，这是一个很好的解决问题的方法，但在商业中，这可能意味着忽略新的信息。所以，无论你的报告和仪表盘中的数据质量有多好、治理水平如何高，复杂的决策都需要强有力的工具来支撑。

数据价值的层次结构

如果我们考虑，在企业中怎样使用数据的价值层次结构，就会发现其与图 18-1 相似。

在底部，报告用单一的真相来源来展示过去发生的事情（第九章和第十章）。洞察是利用数据来帮助做决策、根

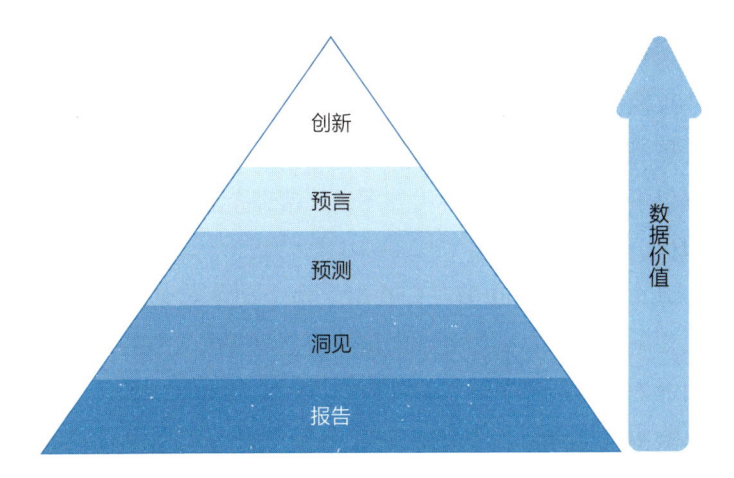

图 18-1　数据中的价值

据数据中的模式来推测过去与现在的第一步（第十三章和第十五章）。

预测是针对未来的第一步，即利用这些历史趋势对接下来会发生什么做出判断。但在一般意义上，它意味着企业下个月会卖出多少个产品。如果企业更愿意知道某个特定事件是否会发生（某个特定的客户会购买该产品），那么这就需要预测建模。

两种用于提高治安效率的人工智能应用程序捕捉到了两者之间的区别。部分是基于位置的算法。他们将过去的犯罪率与地点和事件相匹配，并预测犯罪更可能在何时何地发生。另一个典型例子应用于治安管理（在美国和英国的一些警察部队中被广泛使用），被称为犯罪预测。它将地点划分为街区，并在一天中更新每个街区的预测。

另外，预测工具关注的是个人，会使用他们的年龄、性别和历史的数据来预测谁更有可能犯罪。不出所料，以这种方式影响决策的工具极具争议性。在这种背景下，你的数据团队每天都会遇到数据治理的那种问题。它们也容易产生偏见——这一点我们稍后再谈。

创新和重新定义使用数据来洞察决策者不知道的事情。这提供了未被考虑到的替代方案，并帮助企业变得更有创造力和敏捷。

人工智能可以帮助我们在金字塔上向上移动。它必须被谨慎实施。立即尝试为复杂的预测或创新实施人工智能将是一个勇敢的决定（几乎肯定是任何数据团队都会后悔的决定）。

数据科学和人工智能成熟度模型（图 18-2）显示了我们可能如何规划人工智能实现的历程。它从一个非常基本的决策支持过程开始，例如检测故障或欺诈。对于这些过程，人工智能的实现风险很低，因为它已经有了一个适当的过程。

与书中所有的成熟度模型一样，它不是关于增加复杂性水平的模型，而是关于增加过程中的信任水平的模型。在很多情况下，它是隐含的。在这种情况下，它更加明确。在图 18-2 的右上方，人工智能正在为组织做出决策。这意味着人类无法系统地做出的决策。这不仅需要信任数据本身，还需要信任它所创建的流程。这是一项重要的责任。首席数据官成为未来竞争优势的焦点。

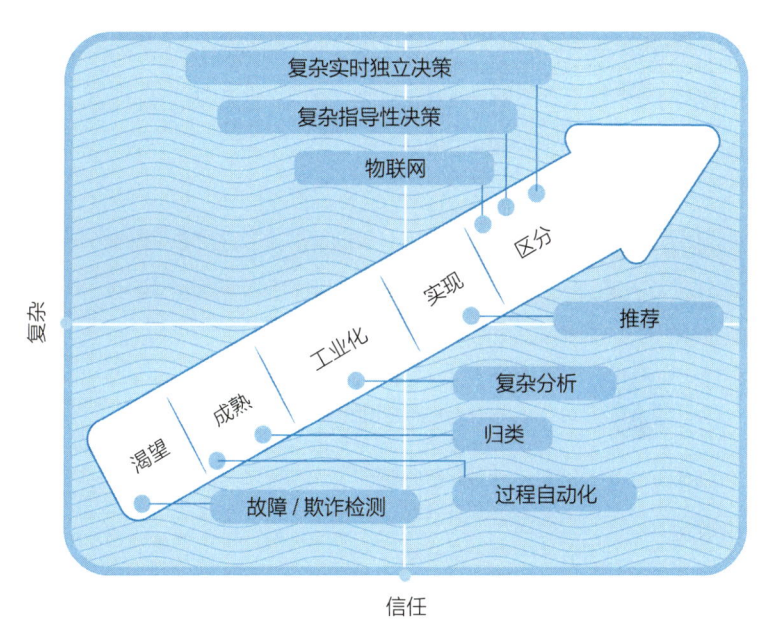

图 18-2 数据科学与 AI 成熟度模型

重要的是要从坚实的基础开始，并有一个与数据和分析战略一致的清晰的商业案例。表 18-1 列出了人工智能在数据转换过程的每个阶段的可能应用。

表 18-1 人工智能的应用

AI 倡议	例子
检测	客户流失检测 故障检测 异常检测 欺诈检测
流程自动化	自动化审批 自动化要求 聊天机器人 机器人
聚类	客户集群 活动集群
复杂分析	情绪分析 VIP 潜力分析 风险管理 面部识别 语音识别 深刻洞见
建议	预测 产品推荐 潜在客户产生和跟踪 网络安全 个性化客户服务 预见性维护
指导决策	新产品开发 半自动交易
独立的实时决策	自动交易 自动化的库存管理

任务：检测

很明显，任何一种以规则为基础的法规都是检测诈骗的出发点，但是一系列清晰的法规，比如洗钱，可能会引导那些打算进行诈骗的人避开侦查。不要做任何会在确定性系统中触发警报的事情，该系统只会寻找违反这些规则的行为。由人工智能驱动的检测任务负责寻找表明违反规则的行为模式，并在早期阶段抓住它。

数据治理（再一次）

检测系统的最低要求必须是揭露低级欺诈行为。这显然反过来取决于你的数据质量和治理工作：这些账户是同一个人吗？身份和信用检查是否已经完成？毕马威会计师事务所于 2016 年进行的一项调查发现，61% 的欺诈受益于内部控制的弱点，这使得犯罪分子得以不受保护。这个统计数字实际上正在增加。

自动化基本的检查和报告

这为通过自动化对那些未通过测试的记录进行人工判断腾出了空间。有大量证据表明，机构甚至没有达到这一勤勉标准。例如，德勤会计师事务所全球采购官在 2018 年进行的一项研究中发现，65% 的采购负责人认为，除了一级供应商外，其他的供应商都是"可见度低"或者"不可见性"。完成基本资料和调查后，更多地了解你的组织在与谁做生意、以及如何做生意，你将对你的公司与哪些人合作，以及怎样开展业务有更多的认识。

将人工智能应用于异常模式

在这种情况下,人工智能功能将查找数据中的异常模式并标记它们。重要的是,它既不会试图补救问题,也不会提供解释。这只有在对违反规则的基本欺诈检测是有效的(例如,防止客户进行欺诈性电子商务交易),并且对事件有足够的了解使人工智能能够做出判断的情况下才有用。

任务:流程自动化

在第十二章中,我们讨论了可以自动化的标准化的、可重复的过程。但这些都是业务过程的子集。它们有一个模式,但每次都是相同的。这对人工智能应用来说是一个巨大的机会。如果试图走得太远、太快,这个机会可能会被浪费掉。

白领机器人

RPA[1] 是一种常见的办公任务自动化的方法。它的工作原理是通过人工智能观察这些任务是如何完成的,并提取模式,然后在类似的任务上自动复制它们。RPA 应用程序通常基于云计算,由外部专家提供。对于表单处理等大部分工作都是重复的流程来说,这具有巨大的潜力。

但是同样,底层数据必须是一个很好的标准。30% 至 50% 的 RPA 初始部署会失败,原因包括:缺少电子邮件地址,

---

[1] RPA(Robotic Process Automation),即机器人流程自动化,它是以软件机器人或人工智能(AI)为基础的业务过程自动化科技。——编者注

本应发给客户的确认函从未发出；编码错误，客户投诉被发送到错误的团队。流程变得更加复杂有一个自然的途径：如果我们从一个只有少量结果的任务开始，就会发生异常。因此，为了适应这一点，我们添加了一个子过程或另一个结果。这需要一个可能没有被记录或甚至没有被充分考虑的变通方法。这就成为持续改进的另一个例子。

这成为一种习惯，被团队内化了，从来没有被完全认识到。有些组织甚至创造了机器人"监督者"来发现过程中的缺陷。如果需要做更多的数据工作，它可以迅速向数据团队发出警报。理解或简化流程总是更好的。

▶ **机器人流程自助化**

它是一种业务流程自动化的形式，使用人工智能来学习和完成数据处理应用程序，通常通过观察办公室工作人员执行重复流程。

客户服务机器人

由于联系中心被关闭，新冠疫情催生了机器人繁荣。在此之前，许多研究和开发都是针对创建逼真的多用途机器人。在美国银行采用的虚拟助理 Erica 就是人工智能聊天机器人在银行业中应用的一个例子。大约有 1950 万用户使用它。它在服务的第一年回答了 2.5 亿多个问题。创造能复制客户代理的机器人的想法很诱人，但投资往往被误导。

问题在于所采用的特定类型的人工智能：自然语言处理。这是 20 世纪 50 年代第一代人工智能研究的执念。当时的科学家

（以及此后的许多人）天真地认为，如果你告诉计算机足够多的单词的定义，它就会理解含义。事实证明，意图比他们想象的要难识别得多。机器人与顾客互动的整体效果感觉有点生硬。

更有可能的是，一个有用的机器人会有一组明确的任务，减少了它进行对话的需要。它会识别意图，可能会将其作为对话的一部分进行澄清，并完成任务。复杂的请求可以交给人类处理。

机器人还可以更多地了解客户的需求，并利用这一点来增强自己的能力。但如果它收到了太多复杂的帮助请求，那么数据团队和运维团队合作解决潜在问题可能会更好。这可能就像提供更好的指令或简化流程一样简单。

▶ **自然语言处理**

它是指帮助计算机识别人类语言含义的人工智能领域。如果成功，计算机可能能够"理解"信息、文件和语音的内容。对于客户服务机器人和社交媒体监听来说，自然语言处理从文本中提取意义是必要的。

案例分析 | CASE

法律援助机器人 Billy

很难找到负责为委托人安排时间的大律师，负责维持事务所的高效的日常运转。这要求领导有判断能力，而且还必须具备一些专业知识。

> **分析：这是机器人的工作**
>
> 虽然这些任务需要一些解释，但其核心是一套标准的流程。克拉克鲁姆公司（Clerksroom）是一家为在家工作的大律师提供助理服务的公司。该公司在2017年决定创造一个机器人来复制一些工作。
>
> **动作：法律援助机器人 Billy**
>
> 创造 Billy 是为了执行人类职员的一部分职责。它会与克拉克鲁姆公司聘用的 6 名职员一起工作。它可以访问案件管理系统和其他所有 IT 系统，并接受了 167 项任务的培训，包括预订调解、为客户匹配最合适的律师、商定费用和发送确认函。
>
> **结果：生产力得到了永久性的提高**
>
> 通过实施，克拉克鲁姆公司计算出 Billy 每个月为公司节省了 200 小时的工作时间。

任务：改进聚类分析

当我们对客户进行细分时，很自然地是通过可观察到的特征来进行区分，其中人口统计学特征是最普遍的。从某种意义上说，这也带来了一些有益的洞察：从整体上看，高收入客户与低收入客户行为不同。这是一种很好的目标市场策略。如果你对客户知之甚少，那么你也许可以提出几项市场策略，但不会是深入的见解，当然这些策略也不会成为你的竞争优势。

有意义的集群

人工智能提供了发现行为或习惯的共同变化的机会，这些变化定义了一个有利可图的利基市场，或者是一个有意义的目标销售方式。乐购在分析其会员卡方面所做的一些开创性工作检验了这一点。通过关注经常一起购买的产品组，它识别出了客户中 27 种"生活方式"，这些"生活方式"指导了其营销。但需要注意的是，这项工作不能完全自动化，原因有两个。人工智能可能会找到一个在（总是有限的）数据量中有意义但没有外部有效性的集群。重要的是它要审查聚类，确保它们不只是数据中的虚假相关性。此外，市场营销或销售团队必须能够识别集群，并在脑海中保留它的图像。这是因为他们被期望在洞察的基础上做出决策和锻炼创造力。如果他们不知道自己在为谁做这件事，那么他们就做不到。

超越行为的集群

电信服务提供商在这一领域的探索很深。它利用数据和人工智能，根据所谓的"亲和度"而不仅仅是属性来创建集群。这让企业能够更好地洞察客户的偏好，因此他们可以根据移动网络的客户喜欢什么或喜欢什么来进行营销。无论这个分析发现了什么，它都是有意义的。但它提出了一个问题：我们如何知道这些客户喜欢什么？根据定义，其中的大部分只有通过使用外部数据或研究才能被发现（第十五章）。

数据偏差

一个人工智能应用程序并不知道它在做什么。它会在提供给它的数据中找到模式。那么它被提供了什么数据呢？

在第四章中，我讨论了招聘多元化的好处。这是科技行业普遍面临的难题。几年前，亚马逊公司创建了一个人工智能应用程序，以避免招聘时的偏见。它使用过去10年收到的简历来训练人工智能。结果是：人工智能无意间学会了拒绝女性的申请，因为绝大多数申请者都是男性。该工具的开发被放弃了。

PredPol是一种用来预测犯罪发生时间和地点的算法，它有一个值得称赞的作用，那就是减少警察工作中的人为偏见。但PredPol引发的争议显示了要实现这一点有多么困难。2016年，美国人权数据分析小组（Human Rights Data Analysis Group）的研究人员将PredPol的算法应用于加州奥克兰地区的毒品犯罪研究。它反复向少数族裔人口比例高的社区派遣警员，而不管这些地区的犯罪率如何。犹他大学的研究人员表明，软件从警方记录的报告中学习，而不是从实际犯罪率中学习，这可能会形成一个增加偏见的反馈循环。

如果你在油管（YouTube）上搜索"种族主义水龙头"或"种族主义肥皂分发器"，可以找到许多由公民记者制作的视频。他们在公共场所或办公厕所里试验了无接触装置，结果发现感光元件的使用者是白人，而非黑人。

微软于2016年推出了一款名叫Tay的谈话机器人，称为

"对话理解"试验。该公司承诺，和智能聊天机器人对话的次数越多，其智能程度也就越高。该网站邀请用户通过"非正式的、有趣的谈话"发送消息。问题在于，Tay是在推特上发布的，在推特上随便聊一聊可就不那么好玩了。不到一天，Tay就开始向其追随者大肆宣扬反犹言论。

一款人工智能应用程序会了解其接收到的信息，然后利用这些信息创造出自己的世界观。我们创造人工智能应用程序是为了做出更好的选择，但是这些软件从根本上既不公正也不明智。随着人工智能被应用于数据转换的后期，那些声誉和伦理问题将变得更为严峻。

案例分析 | CASE

如何衡量：机器学习中的偏见

测量一个模型中的偏差是有问题的：当然，我们永远不能说没有偏差；我们只能对不同的案例进行评估，看看结果是否包含偏差。做到这一点的一种方法是对统计奇偶性进行检验。

这个测试的目的是创建两个在一个不相关的方面（一个受保护的属性）有差异的组，并算出他们有相同的积极结果的概率。这种推理显然有一个缺陷：我们已经决定该属性应该受到保护，但人工智能可能会发现它在统计上是相关的。例如，如果我们决定非常高的人不应该为健康保险支付更多的钱。我们可以测试统计上的

> 平价。但是，个子很高的人可能会更频繁地撞头，这就意味着他们会去更多的医院就诊。在这种情况下，这不是人工智能的"错"，不能说它是一个"糟糕的"模型。它只是没有反映法律或我们的伦理价值观，并在此基础上做出"糟糕的"决定。
>
> 　　需要注意的是，消除人工智能中的偏见也可能会使算法的利润降低。但如果最初的算法推荐的歧视是不公平的（或违反法律的），这是值得付出的代价。

任务：复杂的分析和预测

　　人工智能所要做的，就是向企业传达它们所不了解的、同样不易被察觉的信息。这里有许多类似的问题，有些问题我们之前已经讨论过。当我们从支持定义任务的人工智能应用程序转向那些代表业务进行预测、预测甚至自主行动的人工智能应用程序时，那么我们不禁要问：人工智能应用程序是如何得出结论的？答案有好几种。

有些任务不需要提问

　　对于琐碎或平凡的任务，那就无关紧要了，因为我们使用人工智能来提高速度，而非处理复杂的问题。比方说，只要 RPA 比被替代的人更高效、准确，那么我们就无须怀疑机器人是怎样找到模式的。在其他的研究中，唯一有意义的成果是可证实的有效性。例如，黑莓公司不再生产那些带有键盘的手机，取而代之的是"统一终端安全"。这一功能可以通过识别用户独特的单个按键模式，甚至是拿手机的角度，来保护智能手机的人工智能。这对数据极客来说很有趣，但对其他人而言，只要知道这是有用的就行了。

一些任务可以通过感官检查进行验证

如果有空余时间，那么一些工作完全可以交给有经验的员工来做。要了解洞见的概念上的步骤并不困难。比如，通过社会聆听来检测情感的程序就没有什么秘密了：人工智能把正面情感归结为与正面情感类似的词汇和词组。它可以输出这样的例子，显示它认为这些词是积极的程度有多高。但你也可以进行人工检查：使用这些信息的样本，让一组人对它们进行独立评级，并将结果输入算法。这也是一个加深信任的过程。

一些人工智能应用已经从外部经验中进行了学习

利用云计算来驱动你的机器人或者分析他们的情绪，这是一个很大的优势：他们可以从多个渠道看到聚集的数据。这也就意味着，在其他领域中，有很多可以用来解决相似问题的方法。服务供应商能够展示自己的成功，赢得客户的信赖，并说服你将人工智能用于这一用途。这是一个非常明智的选择。

其中一个实例就是对计算机网络进行攻击检测。将安全性建立在一款人工智能软件之上，让它凭以往的经验判断你是否受到了袭击，这是非常愚蠢的。但是，一个共享的 AI 安全服务能够从其他被保护的网络中吸取教训。

这就留下了一个影响客户、雇员或业务的人工智能驱动决策子集，数据团队对这些决策负责。这些决策是复杂的，我们无法通过反思的过程来理解它们。这就是人工智能作为一个"黑匣子"。

解决黑匣子问题

在与监管机构打交道时，或者在风险或安全方面，或者在使用人工智能来支持需要董事会批准的盈利能力决策时，我们面临的问题是，有人想知道或需要知道香肠是如何制作的，而人工智能看起来是一个"黑匣子"：数据进去，决策出来。这是有问题的，而且可能会变得更加严重。"大数据"的特征是海量、多样性和速度。这是四个"V"的三个组成部分：多样性（variety）、容量（volume）、速度（velocity）和准确性（veracity）。一个人工智能应用程序的工作原理是查看数百个数据源和数百万个数据点，并在它们之间创建关联。

> ▶ **大数据**
>
> 大数据的特征是数据量大、种类多（结构化和非结构化）、速度快。我们认为这是非常复杂的数据，很难被定义和处理。

> ▶ **黑匣子**
>
> 黑匣子是一种用于从数据中产生洞察力或决策的系统，人们只能从其输入（数据源）和输出来查看，其内部工作无法被看到。

这个黑匣子并不是一个静态的决策框架。对很多应用而言，例如在何处投放网络广告、怎样做股票交易等，都在发展中。你无法绘制出这种互动关系的简易图，而且就算你可以，等你把它画下来时，它也早就过时了。

通过对实验结果的分析，他们提出了两种不同的求解方案。这对于数据小组来说是至关重要的，如果他们希望在人工智能中建立起信任的话。由于人工智能应用需要对机器学习过程进行培训，所以小组能够对输入的数据、在设计中所作的假定和某些逻辑进行整理。这样做可以帮助人们建立信心，因为他们认为所用的材料都是对的，而又不会透露出任何关于做决定的细节。

通过找到产出不同的相似投入，他们可以做出更完整的解释：两个拥有相似背景的客户，其中一个得到认可，而另一个被拒绝。这些记录中的一小部分就可以让我们深入了解人工智能是如何在这部分数据中做出判断的。这也可以用于其他情况。这意味着黑匣子将产生一组决策规则，即使可能是一个不完整的规则。当然，当用通俗易懂的语言表述时，这些规则是有用的。这就产生了新的角色，比如解释者，即阐明和记录复杂算法或人工智能过程如何工作的人。

人工智能作为指导者或管理者的局限性

渐进的方法有一个无法量化的好处，从长远来看，它将对数据团队和业务都有好处：它会显示出你的数据可能有多糟糕。

在某种程度上，人工智能会令人失望，就像博彩公司尝试简化财务报告一样。在通常情况下，问题在于数据的质量无法达到可接受的水平，无法产生有价值的见解。原因如下。

- 缺失数据：有一些相关字段没有被捕获到数据中，因为它们不是数据获取过程的一部分，或者只能在外部数据中访问。
- 数据泄露：保护好可以被捕获的数据（见第一章），但直到现在企业还缺乏这样做的动力。
- 数据质量：数据已经过时，或者没有按照需要的精确度或准确性进行测量。

在基于人工智能的模型解释中，思考人的作用是至关重要的。在发现人工智能不知道的信息或背景的基础上做出决策是一个重要的学习过程。如果来自人工智能的指导很差，而且差的原因是一致的，那这就不是抛弃人工智能的理由，而是一个收集更多或更好数据的指标。

如果你对人工智能的使用已深入预测或决策自动化领域，那么对数据有用性的限制将对你的组织将如何行动产生更大的影响。为了让人工智能掌控业务，你必须在数据转换中投入两种类型的信任：

- 员工必须信任人工智能为企业做出有用的决策。
- 客户必须信任人工智能能为他们提供法律法规承诺的保护，并反映他们的公平和道德观念。

任务：致力于人工智能独立实时决策

这两者都不容易被证明，但如果人工智能被用于建议或决策，那它们是必不可少的。

关注训练数据中的偏差

训练时，数据团队会使用样本数据集。这些数据可能存在偏差。如果你对此表示怀疑，可以在谷歌搜索引擎中搜索"首席数据官"，看看它给出的图片。以汽车上的安全带、头枕和安全气囊为例，这些设计主要是基于从汽车碰撞假人测试中收集到的数据，使用了男性的体格和他们的座位位置。因此，在类似事故中，根据《福布斯》的数据，女性获得严重保险的可能性比男性高 47%，死亡的可能性比男性高 17%。

优先考虑意想不到的价值

对人工智能应用要持保守态度，但一旦它被用作推荐引擎，发现意外洞察的能力就是其优势。之前的一家雇主运行了一个在某种程度上可以信任的推荐引擎，因为它的算法只推荐最受欢迎的产品。它是安全的，但对企业没有价值，因此，原本打算把它作为一种工具使用的营销人员几乎没有承诺。

另一种推荐策略可能更加偶然，但对业务更有价值。与客户沟通是有创意的，"我知道你通常不这么做，但是……"，人工智能可能只显示出比平均水平略高的成功机会，但这种策略可以让人产生信心，认为它正在发挥有价值的作用。除了"电脑让我这么做"或者"电脑说不"外，还必须有一个解释。

与数据和分析策略保持一致

人工智能可以以多种方式设计，以反映多种风险偏好和先验。因此，人工智能必须在制定决策的方式上对业务需求做出反应。这意味着只有在有价值或竞争优势的情况下人们才使用人工智能，而不是因为它在技术上有趣。

- 我们需要实时数据吗？如果市场状况有很大的变化，那么更可靠的月度数据可能是一种竞争劣势。如果没有，实时数据就会成为劣势。
- 决策自动化如何影响客户关系？客户可能看重不必与人互动（如果他们申请提高信用额度并希望立即做出决定）。但事实往往并非如此。

从数据驱动的转型到人工智能驱动

我们可以把数据驱动的模式定义为：当需要做出决策时，保证企业中的每一个人都能获取最佳的数据。但是，这种方法并没有从根本上解决"信息超载"和"偏好"等问题。有时候，数据转换可以解决所有问题，但解决不了真正的问题：数据使用者的局限性。

但是，让一个人工智能去做很多事，这听起来还是挺有诱惑力的。人工智能从一种能够发现异常行为的简单工具到一种有创意的催化剂，甚至在没有人参与的情况下，在商业活动中发挥了巨大的作用。

总结

- 人工智能是一个强大的工具，但它不能弥补糟糕的数据工程。
- 引入人工智能需要小心谨慎。利用外部云计算软件来改善公司的内部过程，可以帮助我们理解人工智能的功能。它们可能具有长期优势,因为这些应用程序在更大的数据集上被训练。
- 执行任务或协助客户的机器人需要有一个清晰的、详细的、被很好地定义的申请。
- 人工智能能够识别新的、有利可图的机会,尤其是借助外部数据源。由于人工智能应用越来越复杂,人们更倾向于将其比作"黑匣子",或者是数据和算法上的偏差。如果目标是部分或完全自动化整个流程,那么就需要解决这些问题。

第十九章
CHAPTER 19

数据产品

创新能力是企业未来成功的最有力决定因素。如果你在流程的每个阶段都嵌入数据，这个过程就更有可能成功。持续改进的文化会维持数据转换的势头。

关键概念
- 数据产品
- 瀑布式开发
- 敏捷开发
- 卓越中心

概述

2015年，英国交通部发布了其最终报告。该报告对一个名为"旅行时间节约价值"的指标进行了五年的量化。这一指标已被用于衡量和评估各类交通基础设施。报告称："这些报告列出了用于评估交通评估的最新全国旅行时间价值的所用方法和项目结果。""节省的旅行时间通常占主要交通基础设施带来的好处的很大一部分。""因此，它们在政策制定和投资决策中发挥着重要作用。"大型运输基础设施所产生的效益中，有相当大一部分是因为行车时间的节约,所以他们在政策和投资方面都扮演着举足轻重的角色。

研究人员要做到这一点,方法之一就是询问旅行者,假设他们愿意为更短的旅行时间支付多少钱。

在20世纪60年代,人们有能力对海量的资料进行分类和分析,于是,政府便将注意力转移到以数据为基础的政策制定上。我们应当权衡一下,建造一条新的高速公路或者一条公交线路到底值不值得,特别是当资金不足必须由一个政府部门的人来选择时。但是,这个办法也可能是以项目为基础的思考模式:它只是一个结尾,而非起点。

其中一个关键词就是:节约出行时间。用来描述降低出行时间所能产生的整体经济利益。节省旅行时间的价值提供了一个数据来测量政策的效果,可以被管理部门(决策者和部长)所了解并传达。测试结果令人满意,精度高,是一种令人满意的测量方法。

如今,英国伦敦交通局和其他许多交通供应商已经意识到,投资应该由更广泛的数据来驱动。为了减少交通时间(哪怕是减少几分钟的地铁行程,也可能涉及数百万英镑在列车、信号、安全和员工方面的投资),伦敦交通局开始更频繁地向出行公众询问一系列更广泛的问题。他们是喜欢更短的旅程,还是喜欢同样长度、更舒适的旅程?如果他们必须等更长的时间且对公共汽车什么时候来有更好的了解,那么他们会介意吗?

结果发现,只要我们能把工作做完、能上网、不让人挤到腋下,我们一般都不会在意旅途的劳顿。当我们知道我们要等多长时间时,等待似乎会更短。我们的观点是,如果运输供应商把重点放在缩短旅程上，而是让它看起来更短，那么它会便宜得多，并在旅行者中创造出更高的满意度。伦敦交通局客户营销和行为改变负责人伊恩·普林（Ian Pring）表示："我们的团队已经从根本上改变了他们的工作范畴。"普林解释说，客户洞察团队和员工和利益相关者洞察团队都会与客户董事会合作，汇集了营销、计划、技术和数据方面的技能。

专注于设计更短的旅行是一个目标，而这个目标正在被一个更大的目标所取代：更好的旅行。当然，这需要更多的数据，但也需要关注一种新型的数据驱动创新：数据产品。

什么是数据产品？

▶ **数据产品**

数据产品是由数据定义和启用的流程、服务或能力创新。这些产品可以在内部交付给业务单位，也可以在外部交付给合作伙伴和客户。它们的性质意味着它们可以被持续改进。

当数据团队在第九章单一客户视图中创建了识别 VIP 客户的能力，或在社交媒体中测量了情绪，或在第五章中发现了复印充值异常时，它就是在交付一种产品。

我们经常把产品开发看作是一个具有交付物和端点的项目。这是一种瀑布式的方法，如果英国伦敦交通局想要花费 650 亿英镑修建一条从伦敦到曼彻斯特的铁路线，那这将是一个可行的方法：你需要知道项目的每个阶段包括什么、需要什么资源、具体是什么工作、需要多长时间。

就本文而言，其不足之处是，它预先设定了一种产品。使用者了解其需求，而产品开发者则了解其在使用过程中所面临的问题。我们已经发现，在采用新方法进行创新的时候，这是一种不可靠的假定。

> ▶ **瀑布式开发**
>
> 瀑布式开发是一种将项目分解为多个阶段的开发策略，每个阶段会按顺序完成。每个阶段都有专门的任务，有一个明确的交付物和一个有完成日期的时间表。它在工程设计和某些类型的软件开发中很有用。它很少被应用于数据项目。

数据团队创建数据产品，如我们所见，这在某种程度上说明我们的行为是投机的：

- 不去看，我们不知道自己拥有了什么；
- 不去尝试，我们不知道它是否会创造商业价值；
- 使用它的人往往在看到它之前都不知道自己想要什么。

产品和项目的不同之处在于，它们没有开始和结束。产品一旦被创造出来，就会得到管理、支持和持续改进。

> ▶ **敏捷开发**
>
> 敏捷开发是一种开发策略。在此策略中，创新者共同协作努力。在此过程中，较小的团队自我组织，以实现短期的、具体的目标。它的特点是适应性规划和进化式发展。它通常被用于软件开发。

数据转化使你的企业处于这样一种状态，即最有可能拥有一系列的数据产品，它们可以独立地或者共同地为企业提供改善条件。这类产品的开发需要在治理、质量和分析等方面下功夫。如果将这些产品运用到企业内部，其价值就会成倍增长。如果将其嵌入业务过程中，其效力就会得到改善。

要将它们看作一种可以创建一个心理框架的产品，帮助数据团队向业务推广它们，并改善产品的工作方式。我们可以从三个角度来看产品的创造与管理：

1. 卓越数据和分析中心。
2. 研究的三个功能。
3. 持续改进生命周期。

一流的数据和分析中心

数据团队把他们的数据产品放在了最好的商业用例或者最紧迫的需要上，所以他们对于最佳做法的理解和实施可能是参差不齐的。只要有最好的知识与学习，我们就能为数据产品打造一个出色的数据与分析中心。在这一点上，数据团队完全成熟了，并且已经在商业上取得了成功。

▶ 卓越中心

一家优秀的数据与分析中心，致力于改善与部署产品或服务的专业技术。公司拥有永久性的地位，可能是跨职能的，并且可以与所有业务部门合作。

近年来，优秀的数据与分析中心已成功地跨越组织边界，协助企业改善了经营。人们期望他们能够运用他们的成就去推广他们的见解，并且主动地协助其他商业部门利用这些数据产品，并反馈他们所学到的东西，从而改善产品本身。

总部设在美国的沃斯科公司将洗衣机售卖给洗衣店，并为他们提供技术支持。这说明一家优秀的数据与分析中心是怎样运作的。该方法对模型的支撑有一定的难度，他们一开始采用了区域性的支援（修复时间更短，但修复效率更低），随后，开始实施特殊的支持（现场服务团队首次修复的次数更多，但等待其中一人参加的时间更长）。2005年，他们建立了第三个结构——由行业专家支持的区域模型。这带来了一些改进，但他们不清楚谁负责。在一个地区设立一个卓越的数据和分析中心可以解决很多这样的问题。一个卓越的数据和分析中心的工程师仍然会打服务电话，但他们的职责是识别常见问题并帮助客户解决这些问题，同时帮助其他部门的同事提高技能。如果我们把这一点运用到数据功能上，那么我们将不仅局限于解决问题，而是成为这样一支团队。它能保证数据产品的质量，以最高标准交付。这是一种思维方式的转变。优秀的数据与分析中心内部的人员能够更加深刻地理解数据能够做些什么、怎样去做，并且当企业的其他部门对数据理解更深、对数据更加渴望时，他们也会成为更好的资源。

这表明，当你的公司有了市场，你的数据产品将会被改善并得到支持。尽管卓越数据和分析中心是一个精英团体，但是他们同时也颠覆了传统的"人人皆有之"的观点，认为企业只是被动地接受数据与分析战略（甚至是受害者）。数据团队不断与卓越数据和分析中心合作，对其交付的数据产品进行文档化、标准化和扩充。有些人考虑在不同的业务团队中嵌入数据和分析团队的不同方面。根据我的经验,这是一场彻底的灾难,因为它失去了团队的专注力和整合元素。

任务:创建一个卓越的数据和分析中心

这种方法是如何工作的?

在各个层面、多学科领域获得认可

数据与分析中心侧重于解决业务中的问题。你要确保能够参与所有级别的数据转换,包括执行主持。《麻省理工学院斯隆评论》(*MIT Sloan Review*)的实证研究强调了这一点:仅仅建立一个卓越的数据和分析中心来加速数据计划是不够的,因为只有大约四分之一的高管报告说,自己的企业已取得了良好的数据规划。要实现基于数据的管理,企业的所有层级都需要进行一场文化变革和商业转型,以获得认可。

双向沟通

数据产品的用户了解其所拥有的东西时,才会理解数据质量如何限制了他们所能做的事情、新的数据源或外部数据如何有用,以及数据如何不符合他们的业务流程。在这一点上,一个卓越的数据和分析中心可以弥合用户所拥有的和他们所能实现的之间的差距。但这始终是一个卓越的数据和分析中心和业务之间的讨论。

鼓励跨业务共享

随着业务扩展其数据产品,一个卓越的数据和分析中心已经获取了重要的组织知识和经验,可以将其传递给业务的其他部分,为此构建正式或非正式的结构是很重要的。

研究的三个功能

如果我们想要制造出一款成功的数据产品,我们就必须了解客户的心声,并将其纳入设计流程。"消费者之声"这一理念原本是用来对产品进行设计的。

这说明,数据产品设计的每个阶段我们都要进行研究,特别是当产品针对外部客户时。因此,我们的开发过程需要包括以下内容。

定义需求

创新之前的初步研究可以勾勒出我们需要交付的假设。最重要的痛点是什么?这个初步的研究很可能是不完整的,但它设定了一个可信的首要目标。例如,如果某个服务响应时间较慢,那么我们可以对其进行测量。如果满意度较低或下降,那么我们可以建立一个基线水平。我们必须了解客户(无论该客户是内部的还是外部的)希望看到什么样的改进。

基准测试改进

数据产品有效性的基准度量可能涉及数据质量或速度,但这些最终都是工程度量,可能会导致人们过多关注产品的这一方面。测量还必须寻求获取数据,以了解应该从产品中受益的人是否更快乐,或是否觉得自己的工作得到了改善,并跟踪这些数据。

发现新的欲望

一种数据产品会激发人们的参与和对如何开发它的想象。记住，如果人们不熟悉数据产品的潜力，那么他们只有在看到数据产品出现时，才真正知道该要求什么。

持续改进的生命周期

数据驱动业务的概念通常被用得很含糊，它所指的是什么，在任何一个机构中工作的人都不完全清楚。

毕竟，他们使用的是数据。到处都是数据，他们的经理也在谈论数据，这还不够吗？

无论其背后的技术和过程如何，创建并改善数据产品的能力都将成为驱动数据转变的驱动力。反馈机制和数据和分析中心的设立使我们不断做出改善。适当的衡量和交流可以为转型提供正确的发展方向。

数据产品的发布并不能保证取得成功。数据产品也许不能满足需要，不能充分匹配需求，也不能满足某一地点的需求。最终，数据团队是在创造自我满足感。所以，如果产品不合适，那么适当的引导是一种创造性的回应。

数据团队持续发现并应对业务挑战的能力是独一无二的。这是一个交付成功的过程。这个过程可以在整个业务中继续复制这些改进。数据小组能够不断地识别和解决商业难题，这一点是独特的。

总结

- 数据产品使用数据来改善业务运作方式。它们的用户可以是内部的，也可以是外部的（合作伙伴或客户）。
- 用这样的方法来分割数据小组的工作，就意味着，他们从不认为项目是完整的：他们交付的内容会根据用户反馈不断地进行审查和升级。
- 一个卓越的数据和分析中心能够帮助你聚焦于那些改善，并且能够在你的企业中被推广。
- 研究可以建立创新需求、反馈渠道，并发现用户对如何开发数据产品的新想法。
- 这创造了一个持续的创新生命周期，使数据团队的工作能够自我运转。

第二十章
CHAPTER 20

正确的时间，正确的领导

每次转型的成功都依赖于领导力，然而在某些情况下，这种转型不仅仅需要领导者，还需要三种截然不同类型的领导者。对于所需技能的变化缺乏认识可能会妨碍或甚至破坏转型过程。

概述

1908年，亨利·福特提出了一个革命性的构想：建立一条生产线以大规模生产他的T型车。到了1913年，他全力以赴提升生产效率，仅用六个月的时间，就将制造T型车的时间从9小时54分钟缩短至5小时56分钟。通过在生产过程中巧妙利用数据，他创造了令人瞩目的效率，推出了价格更低、质量更高的创新产品，从而确立了福特品牌的主导地位。一度，全球超过一半的汽车都是福特出产的T型车。

然而，在1921年，亨利·福特决定停止对设计的更新，而是专注于优化生产流程。他做出了一个著名的承诺："任何客户都可以让汽车涂上他想要的任何颜色，只要它是黑色的。"

这一时期，正值美国通用汽车公司（General Motors）1908年成立之初，总经理阿尔弗雷德·斯隆（Alfred Sloan）不仅复制了福特公司的生产线模式，同样也对驾驶汽车的人很感兴趣，并将创新的重点放在了其他领域。为了不丢失客户，通用汽车率先推出了汽车贷款。当喜剧演员开始嘲笑福特汽车是过时的便宜货时，通用汽车依靠新兴的市场调研学科、询问客户希望在设计中做出哪些改变，成功将这些反馈融入次年的新车型中。

亨利·福特虽然开创了生产线，但阿尔弗雷德·斯隆却发明了计划性淘汰策略。到了 20 世纪 30 年代，通用汽车已经成为世界上最大的汽车制造商。

引领可持续数据文化

在创建数据转型的过程中，首席数据官的工作就是通过立志、成熟、工业化、实现以及最终差异化来驱动组织的五次转型。每一个阶段都需要不同的技能和技术。每一个阶段都会对公司造成影响，包括可用的数据到决策的方式，再到流程的再造以及期望的提高。

每个团队都有自己的领导。如果那个领导是你，你会是福特还是斯隆？你能两者都是吗？要想实现可持续的变革，首席数据官（或任何领导转型的人）需要在不同的时期有所不同，而这也是对那些最有才华的高管管理能力的考验。

每一阶段都需要什么样的领导？

立志和成熟：敲开大门

在这一阶段，最关键的，就是挑战者的技能，因为一切都会不一样。接手半途而废或失败的工作是很常见的事情，他会感到失望甚至阻力。前人尝试过，但均以失败告终。因此，在现阶段，我们的数据领袖们要做好传道、交朋友、重新设计新业务的工作，建立一致的远景，做出困难的决策，打破竖井，扼杀那些永远不可能成功的项目。

工业化：巩固

这个阶段是关于创造可重复性的收益、提高质量、增加解决方案的时期。领导者们仍将面临各种挑战，但是他们的主要关注点是细节与流程、整合商业程序、自动化以及建立团队。

该阶段的关键成就是创建一个稳定的改进文化，实现在一开始承诺的业务目标。

实现和差异化：创新

这两个转变也是对技能的要求。有了数据产品的工具箱，有了管理层的关注，有了以往的辉煌战绩，这就要求有远见的人能够针对问题想出创新性的解决办法，让企业在竞争中处于领先地位，从而改造已有的市场，创建新的市场。

创新者不必再去劝说管理人员去接受数据转换，因为它已经为企业的整体发展指明道路。他们不必冲破壁垒，也不必乞求投资。但由于在转型计划上下了更大的赌注，领导们的创意思考和微妙的思考技巧就得走在前面了。

你是哪种领导者？

很少有首席数据官同时具备上述三种特质。以我的经验，这些特质会让转变偏离轨道。一开始，整合者可能还没有准备好打破竖井。创新者也许会犹豫几个月来努力提升品质和管理。

想要当英雄，就意味着，我们中的许多人在应该下放权力的时候要放下权力。以上任一方面的成就都值得被称道；能从头到尾完成一个完整的项目是非凡的。因此，我想再次重申一遍：数据转换是一项集体活动。

总结

- 数据转化的过程令人望而生畏，它要求实操者具备大量的技巧。转化成功非常罕见。
- 要找一个有足够的领导技巧（而不是非技术技巧）的首席财务官带领公司渡过难关。

后　记

数据转型的成功

你是一名数据领导者,你将为企业带来巨大的变革。回过头来看一看,我们已经有了很大的变化,创造了很大的价值。所以无论付出多大的努力,都是值得的。

我已经经历过很多次了。我为什么要这么做?好了,我们以 10 个问题开始这本书,那么我们就以这 10 个问题的答案作为结尾吧。

1. 每次我经历这个过程,从每个角色、每个组织和行业中,我都会学到一些新的东西。我也给那个组织注入了新的活力。

2. 从事数据与分析的工作的人,能够以一种独特的、不带偏见的视角看待企业的方方面面。因此,你要能够解锁数据资产,并提高你的创新能力。这些对于首席执行官而言,是无法估量的。

3. 对于企业而言,问题的解决是一个永远无法消除的激励因素。

4. 按次序办事。一旦你把次序弄对了,那将是一种强有力的刺激。

5. 这是一场需要团队协作的比赛。个体的作用或许微乎其微，但群体的作用却足以创造出一个以数据为导向的机构。你可以先建立一个数据组，然后逐步建立一个能够让你在整个业务获得成功的数据中心。多元思维是一个具有挑战性的课题，也是一个值得探索的课题。

6. 你将在行业的新发展、新产品和新工作方法中得到持续的发展。这是令人兴奋的，因为你永远不会停滞不前。由于人工智能和机器学习的新功能不断增长，这意味着你对治理和质量的基础有更多的依赖性。

7. 瀑布法和敏捷法与我们工作的各个方面都有关联，但是无论是数据科学还是人工智能，它们都需要更加科学的、更多的实验方式。这样的差异让工作变得更有乐趣，也更有挑战。

8. 当你能够按照我在商业数据和分析策略中所述的全部要素进行操作时，数据成功就实现了。你需要将这些要素组合在一起，使其工作起来就像一台运转良好的机器一样。这是非常值得的。

9. 数据不是你创造出来的东西。它就在那里，等待着你去发掘、利用、再利用，从而带来重大的根本性变化。

10. 数据分析已经从早期 IT 的副产品发展为一项成熟的商业活动。

它使我们早上从床上爬起来，使我们夜晚无法入睡，直到我们成功。周而复始，日复一日。这样值得吗？

当然值得。